山西电力交易市场
用户电费结算业务指南

国网山西省电力公司营销服务中心　组编

中国电力出版社
CHINA ELECTRIC POWER PRESS

图书在版编目（CIP）数据

山西电力交易市场用户电费结算业务指南 / 国网山西省电力公司营销服务中心组编. —— 北京：中国电力出版社，2024. 9. —— ISBN 978-7-5198-9165-7

Ⅰ．F426.61-62

中国国家版本馆 CIP 数据核字第 2024WM1088 号

出版发行：中国电力出版社
地　　址：北京市东城区北京站西街 19 号（邮政编码 100005）
网　　址：http://www.cepp.sgcc.com.cn
责任编辑：娄雪芳（010-63412375）
责任校对：黄　蓓　马　宁
装帧设计：赵丽媛
责任印制：吴　迪

印　　刷：三河市航远印刷有限公司
版　　次：2024 年 9 月第一版
印　　次：2024 年 9 月北京第一次印刷
开　　本：710 毫米×1000 毫米　32 开本
印　　张：6.375
字　　数：140 千字
印　　数：0001—1000 册
定　　价：35.00 元

前　言 ///

2023 年 12 月 22 日，历经 32 个月的山西电力现货结算试运行转为正式运行，作为电力市场运行重要保障之一——电力用户的电费结算也将步入常态化运行模式。

按照电力市场电费结算规则规定，电力用户的执行电价与电费结算与传统目录电价下电费结算原则发生质的变化，且结算数据量大、过程复杂、专业性要求较高，在叠加代理购电、第三监管周期输配电价改革等多项政策的落地实施，电费结算对供电公司核算服务人员、售电公司以及电力用户核算相关人员提出了更高的要求。

本书聚焦当前现货市场交易下电力用户电费结算要求，深入浅出地阐述用户以不同身份参与电力市场交易时电费结算流程，内容全面，实践性和应用性较强，为广大营销专业工作人员开展市场化服务工作、为售电公司提供增值服务提供业务指导。

本书是在《国家发展改革委关于组织开展电网企业代理购电工作有关事项的通知》（发改价格〔2021〕809 号）、《国家发展改革委关于第三监管周期省级电网输配电价及有关事项的通知》（发改价格〔2023〕526 号）、《山西省电力市场规则体系》等文件指导下，对电力市场交易中市场化用户电量电费结算进行详细说明。介绍了山西电力市场交易中交易类型、市场主体与电费结算原则，并从电费构成、执行电价、电量计算、电费结算四方面详细介绍零售用户、批发用户、代理购电用户以及特殊市场化用户的电费结算体系。同时结合电力市场政策要求及业务实际操作流程介绍了市场化用户电量电费退补管理原则。

　　本书依据 2024 年 3 月以前政府出台相关文件进行的编制，如政策发生变化，在电费结算过程应执行最新政策文件。限于作者水平和经验，书中不足之处在所难免，书中疏漏之处，恳请广大读者批评指正。

编者

目 录

1 山西电力交易市场

1.1 电力市场交易类型

2013 年为提升山西省资源利用效率，在按照计划发电的基础上挖掘发电增量，试行输配电价模式，山西省首次成功开展了电厂与大用户的直接交易，拉开了山西电力市场建设的序幕。随后，电厂与大用户的直接交易规模逐年递增，尤其是 2015 年国家启动新一轮电力体制改革后，交易规模快速增长。经过 10 年的电力改革发展，电力作为商品的属性得到实质性凸显，山西也逐步融合成为一个完整的"中长期+现货+辅助服务""省内+省间"有效衔接的电力市场交易体系。按照交易市场的不同，山西省省内电力市场可以分为电力批发市场和电力零售市场。

1.1.1 电力批发市场交易

电力批发市场中进行的交易称为电力批发市场交易，具体是指发电企业、电力批发用户、售电公司之间进行电力交易活动的总称，包括电能量市场交易和辅助服务市场交易。

1.1.1.1 电能量市场交易

电能量市场交易是以电能量为标的物的交易，能有效促进发电资源优化配置，反映电能量供求关系，形成价格信号。按照交易时间的不同，可分为中长期市场交易和现货市场交易。

1．中长期电能量市场交易

中长期电能量市场交易是指发电企业、电力批发用户、售电公司等市场主体，通过双边协商、集中交易等市场化方式，开展的多年、年、季、月、周、多日等电力批发交易。

2021 年 7 月，为做好中长期与现货市场衔接，激励发电企业高峰签约意愿，引导用电企业主动避峰填谷，山西省按照国家"分时段签"的要求，组织开展中长期电能量市场分时段交易，即将每天 24 小时分为 24 个时段，以每个时段的电量为交易标的，组织发电企业、电力批发用户、售电公司分别按时段开展电力中长期交易，由各时段的交易结果形成各市场主体的中长期合同曲线。

（1）中长期市场交易周期。

按照交易周期的不同，中长期电能量市场交易包括年度、多月、月度、旬、日滚动交易 5 种。

1）年度交易。年度交易是发电企业和售电公司（电力批发用户）一次性交易一整年的电量。一般每年 12 月份开展次年年度交易。

2）多月交易。多月交易是发电企业和售电公司（电力批发用户）一次性交易下个季度的电量。一般是 3、6、9、12 月中旬开展下季度的多月交易，为期 2 日。

3）月度交易。月度交易包括发电企业和售电公司（电力批发市场用户）一次性交易一个月电量的月度直接交易、年度和多月交易分解至当月的电量（可调整）、月度合约电量转让交易等。一般是每月中旬开展下月交易，为期 2 日。

4）旬交易。旬交易是发电企业和售电公司（电力批发用户）一次性交易下个旬的电量。交易时间是每月上、中、下旬前 5 天开展，为期 1 日。

5）日滚动交易。日滚动交易是发电企业和售电公司（电力批发用户）交易 $T+2$ 至 $T+4$ 日或 $T+2$ 至 $T+5$ 日的电量。每日组织。

（2）中长期市场交易方式。

按照交易方式的不同，中长期电能量市场交易方式包括双边协商交易、集中竞价交易、挂牌交易、滚动撮合交易 4 种。

1）双边协商交易。双边协商交易是指市场主体之间自主协商交易电量、交易曲线、交易价格，以及交易周期允许范围内的合约执行起止时间，在规定时间内提交交易平台，经电力交易机构校核后形成交易结果。一般年度、多月、月度交易采用此方式开展。

2）集中竞价交易。集中竞价交易是市场主体按照交易公告给出的标准交易曲线、交易执行起止时间，通过交易平台申报交易电量、交易价格，交易机构按高低匹配法或统一边际法进行出清，经电力交易机构校核后形成交易结果。一般多月、月度、旬交易，采用此方式开展。

3）挂牌交易。购电方或售电方通过交易平台，发布购电量或售电量、交易曲线（也可以为交易公告的统一曲线）、交易价格、交易执行时间等交易要约，由认可该要约的售电方或购电方自主摘牌，经交易机构校核后形成交易结果。一般多月、月度交易，采用此方式开展。

4）滚动撮合交易。滚动撮合交易是指市场主体按照交易公告给出的标准交易曲线、交易执行起止时间，在规定时间内，通过电力交易平台随时申报购电量价、售电量价，电力交易平台按照价格优先、时间优先的原则进行滚动撮合成交。一般月度、旬、日滚动交易采用此方式开展。

2. 现货电能量市场交易

电力现货市场交易是市场化电力电量平衡的重要一环，对发挥发现价格、完善交易品种，形成充分竞争起到重要作用。其与调度运行是一个有机整体，为电网调度运行提供市场化调节手段。

现货市场是和远期市场相对的概念，现货市场一手交钱一手交货，考虑物理特性约束，电力现货需要提前一定时间进行交易，一般包括日前、日内、实时交易。目前，山西现货电能量市场交易由日前电能量市场和实时电能量市场交易构成。

（1）日前电能量市场。日前电能量市场（简称日前市场）是以日为时间尺度的电能量交易，主要通过集中市场竞争，决定次日的开机组合,以及每台机组每 15 分钟的发电出力曲线，实现电力电量平衡、电网安全管理和资源优化配置，发现电力价格，为市场主体提供更灵活的调整机会。具体是指运行日提前 1 日（D−1 日）进行的决定运行日（D 日）机组组合状态和发电出力计划的电能量交易市场。运行日是为实际执行日前电能量市场交易计划的自然日，每15 分钟为一个交易出清时段，每个运行日含有 96 个交易出清时段。

（2）实时电能量市场。实时电能量市场（简称实时市场）是指以 15 分钟为尺度的电能量交易，在日前电能量市场出清的基础上，依据日内超短期负荷预测、新能源功率预测申报等边界条件变化，在满足安全约束的条件下对发电机组进行最优经济调度，形成实时发电计划与实时节点电价，为市场主体提供更及时的响应机会。具体是运行日（D 日）进行的决定（D 日）未来 15 分钟最终调度机组发电出力计划的电能量交易市场。

1.1.1.2　辅助服务市场交易

辅助服务市场包括调频辅助服务市场和调峰辅助服务市场。

调频辅助服务是指在符合条件的市场成员申报的出力调整范围内，调频资源跟踪自动发电控制装置 AGC 指令，按照电力系统频率和联络线功率控制的要求，实时、往复调整发电出力的辅助服务。

调峰辅助服务市场包括深度调峰交易、启停调峰交易。其中，深度调峰交易是指在电网保留必要的下旋备的基础上，当水电、抽水蓄能、火电机组基本调峰服务已经用尽，根据负荷预测、新能源预测预计将出现弃风、弃光时，通过调减愿意提供深度调峰服务的火电机组的实时出力，进一步让出新能源消纳空间的市场化交易。深度调峰交易采用火电机组单向报价、集中竞价出清的机制，于日前申报、日内调用。启停调峰交易是指在电网保留必要的下旋备用的基础上，当水电、抽水蓄能、火电机组基本调峰及深度调峰资源用尽，预计仍将出现弃风、弃光时，为保障新能源消纳，由火电机组申报启停调峰意愿，调控机构根据电网调峰情况调用机组提供调峰服务。

1.1.2 电力零售市场交易

电力零售市场是在批发市场的基础上，进一步放开售电服务，电力用户可自主选择供电方，自主开展交易的市场，即电力用户可通过零售交易市场自主选择由售电公司或电网企业代理其参与电力市场交易，并开展零售交易。在一个零售交易周期内，电力用户原则上只能与一家售电公司建立零售服务关系，且全部市场化用电量均通过该售电公司购买。

1.1.2.1 零售市场发展历程

2017 年，山西省电力用户选择由售电公司代理参与电力市场交易后，需每月与售电公司约定其用电量执行零售套餐。山西零售市场化交易开展的 6 年中，零售套餐经过了从固定价格到价差分成、固定价格+价差分成、固定价格、成交均价+固定价差、分时定价 5 种套餐，再到"基础+组合"套餐模式的变革，为市场化用户提供了更加广泛便捷的零售交易服务。

2021 年 7 月，为打通价格信号在批发市场和零售市场的传导障碍，引导用户按照市场价格分时用电目标，在中长期电能量市场开展分时段交易的基础上，山西省零售市场分时交易机制正式上线运行，引导售电公司与具备条件的零售市场主体签订分时定价套餐。

2023 年 1 月，山西首批建成"电商式"零售商城，零售市场主体可像逛商场一样，货比三家，选择最优最经济的零售套餐的同时与售电公司签订零售合同。为更好地服务各类零售市场主体购电，电力零售市场按照绿色属性、行业类别、用户规模等维度划分的交易区域，目前零售交易板块有普通板块、绿电消费板块、中小用户板块、虚拟电厂板块。

1.1.2.2　零售市场交易周期

零售交易的最小签约与交割周期为自然月。零售合约签订的周期不低于 1 个月，不超过 1 年。

在交易时间内可进行零售交易合约的建立、终止、变更。

（1）签订与终止。交易标的月零售交易原则上应在上月完成（具体交易时间以交易公告为准），期限内可开展交易标的月对应零售合约的建立、终止。

（2）变更。交易标的月零售合约变更截止时间为上月最后一日 24 时，期限内可开展交易标的月对应零售合约的变更。

举例说明：假设交易平台发布零售交易公告，2023 年 10 月零

售交易截止时间为 2023 年 9 月 15 日 24 点。在 2023 年 9 月 1 日至
9 月 15 期间，零售市场主体可与售电公司签订 2023 年 10 月的零售
合同，也可对签订的零售合同进行终止操作。在 2023 年 9 月 16—9
月 30 日期间，零售市场主体和售电公司可变更已签订的 2023 年 10
月的零售交易合同内容，但不可终止。

1.1.2.3　零售交易板块

电力零售市场按照绿色属性、用电规模、用户类别等维度设置
零售交易板块，例如绿色权益板块、虚拟电厂板块、中小用电企业
板块等。对于不同板块，交易机构可以根据套餐类型、信用等级、
价格区间，以及套餐下单条件等设置相应的交易约束，并以交易公
告或者通知形式向市场主体发布。

2024 年，零售交易板块有普通板块、绿电消费板块、中小用户
板块、虚拟电厂板块。中小用户原则上通过中小用户板块选择套餐，
普通板块、绿电消费板块可配置针对中小用户的套餐，其中，中小
用户是指接入电压等级 10 千伏及以下（多电压等级市场主体按最
高电压等级，下同）的零售市场主体（虚拟电厂聚合零售市场主体
除外）。

1.1.2.4　零售市场交易方式

山西省零售市场交易方式包括标准化零售套餐交易方式和双
边协商零售套餐交易方式。

（1）标准化零售套餐交易方式。标准化零售套餐交易方式是指
售电公司通过挂牌方式发布零售套餐，零售市场主体下单购买。

（2）双边协商零售套餐交易方式。双边协商零售套餐交易方式
是指在标准零售套餐基础上，售电公司和零售市场主体通过双边协
商方式修改零售套餐内容，经双方确认后生效，通过双边议价协商

形成零售套餐仅协商双方可见。

（3）双边确认零售套餐交易方式。在标准化零售套餐交易方式的基础上，零售市场主体（包含绿电用户）下单购买套餐，经售电公司确认后，生成生效的零售合约。

（4）零售市场主体意向发布交易方式。在标准零售套餐交易与双边协商议价交易的基础上，零售市场主体通过交易平台向所有或者部分售电公司公开零售套餐交易意向与需求（仅售电公司与发布用户可见），包括意向交易周期、月度预计用电量、是否约定电量、是否联动等内容。

1.1.2.5 零售市场交易流程

售电公司和零售市场开展零售交易的流程包括：售电公司建立虚拟商铺、售电公司编制零售套餐、售电公司上架或下架零售套餐、零售市场主体下单确认（零售市场主体指由售电公司代理参与电力市场交易的电力用户）、系统生成零售合同。

1. 售电公司建立虚拟商铺

符合国家和山西省有关售电企业准入标准的售电公司，参与零售市场交易时，需在山西电力零售交易平台开设电力零售交易虚拟商铺，并发布零售套餐。售电公司可在虚拟商铺中开展售电公司简介设置、LOGO 图片设置、已上架零售套餐排序等业务。

2. 售电公司编制零售套餐

零售套餐是指零售商城内售电公司与零售市场主体确定购售电结算价格的标准化商品。编制零售套餐是指售电公司在满足零售交易系统参数配置约束的前提下，进行零售套餐各项参数设置的行为。

零售套餐由各售电公司自主制定并负责，相关参数一经确定并上架后，即视为该售电公司认可零售套餐全部条款内容，零售市场主体下单无须售电公司二次确认。零售套餐的有效期限以自然月为单位，期限最短为 1 个月，超过 1 个月应为其整数倍。

零售套餐包括零售价格（必填项）、标的周期、最大/小购买月份数、用户月均电量最大/小约束、用户电压等级范围、是否允许执行中变更、是否允许发起双边协商等关键条款。

（1）标的周期。标的周期是指零售套餐可向零售市场主体售电的期限范围，包括交割起始月和交割终止月。

（2）最大/小购买月份数。最大/小购买月份数指零售套餐中，售电公司针对零售市场主体可购买周期做的最大/小限制。零售市场主体购买套餐时，交易标的时间应大于或等于最小可购买月份，小于或等于最大购买月份。

（3）用户月均电量最大/小约束。用户月均电量最大/小约束指零售套餐中，针对购买该套餐的零售市场主体上一年度月均电量进行限制的约束即要求用户上一年度月均电量（无该数据时，采用上月结算电量，下同）应介于月均电量最大/小约束之间。

（4）用户电压等级范围。用户电压等级范围指零售套餐中针对购买该套餐的零售市场主体的电压等级限制，多个电压等级用户的电压等级按最高电压等级计算。

（5）是否允许执行中变更参数。是否允许执行中变更参数指零售套餐中，针对零售套餐价格（含量、价、费参数）是否可变更的约定。零售市场主体可在各月交割开始前，发起零售套餐价格参数变更申请，售电公司确认后生效。

（6）是否允许发起双边协商。是否允许发起双边协商指零售套餐中，售电公司针对零售市场主体是否可发起议价下单的行为进行标识。允许发起双边议价的零售套餐，表示挂牌售电公司允许零售市场主体发起议价邀约，购售双方可协商确定零售套餐内容。不允许发起双边议价的零售套餐，表示售电公司拒绝就该零售套餐与零售市场主体协商，零售市场主体只可直接下单购买。

3. 售电公司上架或下架零售套餐

（1）零售套餐上架。

零售套餐上架是指售电公司将其编制完成的零售套餐在零售交易平台挂牌的行为。

（2）零售套餐下架。

零售套餐下架是指售电公司将其已挂牌的零售套餐撤牌的行为。零售市场主体已完成下单确认及已发起下单流程的零售套餐，不受零售套餐下架的影响。

零售套餐下架有人工下架和自动下架两种。

1）人工下架。人工下架是指零售交易截止日（以交易公告为准）前，售电公司可在零售交易平台发起套餐下架流程，无须审核，即时生效。

2）自动下架。自动下架是指零售套餐有效期限到期或者完成销售后系统自动下架。零售套餐完成销售是指其可供应的剩余总电量（测算值）小于或等于临界值（暂定为 1 兆瓦时）。

4. 零售市场主体下单确认

零售市场主体下单确认是零售市场主体通过零售交易平台进行零售套餐选择的行为，按照交易方式不同，可分为直接下单购买和议价下单购买两个类型。

（1）直接下单购买。直接下单购买是指零售市场主体像逛商城一样，在零售交易平台上选择零售市场上所有售电公司已上架的零售套餐，在零售交易允许时间内，选择一个零售套餐进行下单确认操作。零售市场主体下单时需选择零售套餐及购买标的月，下单购买约定零售电量的零售套餐还需填写分月/分时零售电量值。

举例说明：假设交易平台发布零售交易公告，2023年10月零售交易截止时间为2023年9月15日24点。零售市场主体需2023年9月15日前24点前，登录零售交易平台，根据自己的用电负荷及特性与售电公司约定一个更为经济合理的零售套餐，并填写零售套餐执行的月份等信息，如果约定的零售套餐为约定电量的套餐还需填写套餐执行月份每小时的用电量（预估值）后确认下单。

（2）议价下单购买。议价下单购买是指零售市场主体对带有可议价下单标识的零售套餐，在满足与直接下单购买一致约束校验的基础上发起议价邀约，售电公司根据双边协商的议价结果将该零售套餐各项参数及其他条款修改为双方协商一致的结果，由零售市场主体填写零售电量等参数并确认后，即视为下单购买生效。

（3）双边确认下单（仅适用于绿电套餐）：零售市场主体对于带有双边确认下单标识的零售套餐，在零售交易允许时间范围内进行下单后，需要由售电公司确认后生成合约并生效。

任何一种下单方式均需满足零售套餐各项约束条件。零售套餐各项约束条件包括统一基础约束条件与零售套餐自定义约束条件。其中，统一基础约束条件为零售交易基本要求有关内容；零售套餐自定义约束条件为零售套餐关键条款中最大/小购买月份数、用户月均电量最大/小约束、用户电压等级范围等内容。

5. 系统生成零售合同

零售市场主体下单确认生效后，系统自动生成售电公司与零售市场主体签订的电子化零售合同，售电公司和零售市场主体视为自动认可合同内容，合同即可生效。零售合同签订的截止时间与零售交易截止日期相同。

零售合同暂不加盖售电公司和零售市场主体双方公章或合同章，通过双边协商议价形成的其他条款以额外纸质补充协议形式签订，并上传至交易平台备案。

（1）零售合同的变更。

零售合同内容可在双边协商的基础上进行变更，合同条款的变更校验条件与零售市场主体下单时保持一致。

零售合同的变更由售电公司和零售市场主体任意一方发起，当零售双方均确认同意变更零售合约参数时，零售合约对应参数变更生效。零售合同变更的截止时间为交割月前的最后一天，变更次月及后续月份合同条款。例如已签订 2023 年 10 月的零售合同允许变更的时间是 2023 年 9 月 16 日至 9 月 30 日。但中小用户通过中小用户板块约定零售套餐时，套餐签订后的价格参数值不可变更。

（2）零售合同提前解除。

零售市场主体、售电公司按照合同签订时约定的解约条款，均可开展零售合同的提前解除。原则上，零售合同解除的截止时间要早于零售交易截止时间，解除次月及后续月份零售合同。

1.2　电力市场参与主体

随着山西电力市场改革的发展，能够参与山西电力市场交易的市场主体由发电企业和批发大用户发展成了符合政府相关规定及电力市场运行规则规定条件，并通过准入流程获得进入山西电力市场资格，同时在电力交易机构完成市场注册的企业，包括发电企业、售电公司、电力用户、虚拟电厂、独立辅助服务提供者、电网企业。其中可参与电力市场交易的电力用户是指直接参与电力市场交易的市场化用户和由电网企业代理购电的代理购电用户。可参与电力市场交易的电力用户分为批发市场主体（简称批发主体）和零售市场主体（简称零售主体）。

本节将重点介绍电力用户身份演变、身份转换、信息变更以及市场主场准入条件、注册条件、注册流程、退市程序等相关内容。

1.2.1 身份演变

1.2.1.1 批发主体的产生

2013 年，山西省经信委、物价局、电力监管专员办公室联合发布《关于印发〈山西省电力用户与发电企业直接交易实施意见〉的通知》（晋经信电力字〔2013〕436 号）文，文件规定：电力用户与发电企业直接交易是指符合准入条件的用电企业与发电企业，按照自愿参与、自主协商的原则，直接进行的购售电交易，电网企业按规定提供输电服务。随后，经信委、物价局、电力监管专员办公室等政府管理部门又联合或单独，发布了《山西省电力用户与发电企业直接交易规则（试行）》（晋电监市场〔2013〕142 号）、《山西省电力用户与发电企业直接交易购售电合同（示范文本）》《山西省电力用户与发电企业直接交易输配电服务合同（示范文本）》《关于核定山西省电力用户与发电企业直接交易试点输配电价的批复》（晋价商字〔2013〕357 号）、《山西省发电权交易规则（试行）》（晋电监市场〔2013〕165 号）等相关文件，自此山西省大用户直购电交易机制正式建立完成并开展交易。

自山西省首次开展大用户直购电交易起，山西省电力用户分成了直接参与电力市场交易的批发主体和非市场化用户。批发主体用电量执行与电厂交易的市场化交易电价，非市场化用户继续执行目录电价。此时的非市场化用户有未直接参与电力市场交易的大工业用户、一般工商业用户、居民农业用户等。

1.2.1.2　零售主体的产生

2016 年 1 月，《国家发展改革委　国家能源局关于同意山西省开展电力体制改革综合试点的复函》（发改经体〔2016〕176 号）文件正式批发了《山西省电力体制改革综合试点方案》，同意山西成为全国电力体制改革综合试点省份之一。2016 年 7 月，山西省人民政府办发布《山西省售电侧改革实施方案》（晋政办发〔2016〕113 号）文，文件指出：符合准入条件的电力用户企业，可以直接与发电公司交易，也可以自主选择与售电公司交易，或选择不参与市场交易。

2017 年 4 月，山西省首批 23 家售电公司入市交易，自此山西省的非市场化用户又分成了由售电公司代理直接参与电力市场交易的零售主体和由电网企业直接供电的非市场化用户，零售主体用电量执行与售电公司约定的零售套餐电价，非市场化用户继续执行目录电价。

1.2.1.3　市场化现货用户的产生

2016 年至 2019 年，山西省持续开展电力现货市场试点建设工作，经过 3 年的现货市场理论研究和 2 次按日不结算调电试运行准备后，2019 年 9 月 1 日正式启动结算试运行。现货结算试运行启动后，山西省直接参与电力市场交易的批发主体分成了非现货批发主体和现货批发主体，非现货批发主体执行中长期交易结算规则，现货用户执行现货交易结算规则。由售电公司代理直接参与电力市场交易的零售主体分成了现货零售主体、非现货零售主体，两类用户均执行零售套餐电价。非市场化用户继续执行目录电价。

1.2.1.4　代理购电用户的产生

2021年10月11日，国家发展改革委发布《关于进一步深化燃煤发电上网电价市场化改革的通知》（发改价格〔2021〕1439号）文，文件要求：各地要有序推动工商业用户全部进入电力市场，按照市场价格购电，取消工商业目录销售电价。对暂未直接从电力市场购电的用户由电网企业代理购电。

2021年11月25日，山西省发展改革委《关于贯彻落实国家发展改革委关于进一步深化燃煤发电上网电价市场化改革 组织开展电网企业代理购电工作有关事项的通知》（晋发改商品〔2021〕457号）文件规定：我省工商业用电（包括大工业用电和一般工商业用电）目录销售电价取消后，工商业用户原则上要直接参与市场交易，暂未直接参与电力市场购电的，由电网企业代理购电。其中，省电力公司供电经营区域内暂未直接从电力市场购电的工商业用户，由省电力公司代理购电，山西地方电力有限公司、水电自供企业供电营业区范围内暂未直接从电力市场购电的工商业用户，分别由地电公司、水电自供企业代理购电。目前，山西省暂未直接参与电力市场交易的工商业用户全部由电网企业代理购电。

自2021年12月1日，启动电网企业代理购电工作后，山西省的非市场化用户又分成了电网代理购电用户、直接参与电力市场交易但执行1.5倍代理购电价格的用户和居民农业等非市场化用户。电网代理购电用户和直接参与电力市场交易但执行1.5倍代理购电用户的用电量执行电网企业公布的对应代理购电价格，非市场化用户继续执行目录电价。

通过以上山西省电力用户身份发展演变可以看出，按照电力用户参与市场交易方式的不同，直接参与市场交易的用户可分为直接参与中长期和现货市场交易的电力批发主体、由售电公司代理参与电力市场的交易的电力零售主体以及执行 1.5 倍代理购电价格的用户。山西省的电力用户无论是直接参与中长期和现货市场交易还是由售电公司代理参与电力市场交易均是以市场主体为维度开展相关交易工作，一个市场主体下可包括 1 个及以上营销用电用户，即包括多个用电户号。零售主体下包括的营销用电用户，称为零售用户，批发主体下包括的营销用电用户，称为批发用户。

按照山西省电力市场交易规则规定，直接参与市场交易的用户需按月在交易平台自愿选择确定身份类型，可选择类型有三类，分别为批发主体、零售主体、执行电网企业代理购电价格 1.5 倍的用户。

本章将重点介绍直接参与电力市场交易的零售主体、批发主体、1.5 倍代理购电用户参与电力市场交易时如何准入、注册、退出、身份变更等内容。

1.2.2　准入条件

参与电力市场交易的电力用户（指市场主体）进入山西电力市场的基本要求是具备法人资格、财务独立核算、信用评价合格、能够独立承担民事责任的经济实体。非独立法人的电力用户经法人单位授权，可以参与相应的电力交易。

1.2.3　注册条件

获得准入资格的市场主体，需要按照市场注册管理制度，完成注册程序，才能获得进入山西电力市场进行交易的资格和权限。符合国家及山西省相关准入规定且不在负面清单范围内的市场主体，在选择通过参与中长期和现货交易或者通过由售电公司代理参与电力市场交易前，电网企业会将新增用户信息推送至交易平台，用户在交易中心履行注册后即可参与交易。市场主体完成市场注册的条件有：

（1）自备用户。拥有自备电源的用户应按规定承担国家依法合规设立的政府性基金，以及与产业政策相符合的政策性交叉补贴和系统备用费。

（2）符合电网接入规范、满足电网安全技术要求，并与电网企业签订正式供用电协议（合同）。

（3）未被列入国家及省政府负面清单。

（4）计量装置具备智能表及采集终端条件，具备日前负荷预测、按要求报送分时电力需求曲线的技术能力，且具备电量分时计量与数据传送条件，数据准确性与可靠性能满足交易要求。

（5）对居民、农业用户分表中存在有一般工商业计量点的，用户可选择直接参与市场化交易或由电网企业代理购电。由电网企业代理购电时，电力用户暂不在交易平台注册。

1.2.4　注册流程

拟参与电力市场交易的市场主体，均需在电力交易机构进行市场注册，经电力交易机构完整性核验后，才能获得交易资格和交易权限。

市场主体的市场注册流程：

（1）符合准入条件的市场主体向电力交易机构提交注册申请。

（2）市场主体在交易平台网站自助注册，申请注册账号，签署《关于终止与电网企业代理购电关系的告知书》并上传交易平台。注册时需要提供的注册资料包括但不限于营业执照、法定代表人身份证等。市场主体注册时从电网企业营销系统内获取用户用电信息（包括用户编号、户名、计量点等信息），与注册材料一并提交。

（3）电力交易机构收到市场主体提交的注册申请和注册信息、材料等后，在 5 个工作日内完成材料的完整性核验。对材料不全或不符合规范的，市场主体应在 2 个工作日内对材料进行补充和完善。

（4）电力交易机构以短信方式通知市场主体注册生效，3 个工作日内完成交易账号权限配置等。

（5）市场主体签订入市承诺书后，取得交易资格。

1.2.5 身份转换

1.2.5.1 直接参与市场交易的用户

市场主体可在每月零售交易截止日前自愿选择次月以何种身份参与电力市场交易，具体包括：

（1）批发主体转为零售市场主体。批发主体申请转为零售主体需满足三个条件：一是在批发市场中的相关合约履行完毕；二是无欠费，无窃电、违约用电在途流程；三是转换身份对应标的周期不能存续批发交易合同。

批发主体申请转换为零售主体，但截至申请月零售交易截止时间仍未达成零售交易时，身份转换失效，其身份依然为批发主体。

举例说明：假设交易平台发布零售交易公告，2023 年 10 月零售交易截止时间为 2023 年 9 月 15 日 24 点。某批发主体 2023 年 9 月 5 日申请 2023 年 10 月以零售主体身份直接参与市场交易，但截至 9 月 15 日仍未与售电公司签约零售套餐，因此其 10 月身份依然是批发主体。

（2）批发主体转为执行 1.5 倍代理购电价格的用户。转换条件与批发主体转为零售主体条件一致。

（3）零售主体转为批发主体。零售主体转为批发主体需满足三个条件：一是无欠费，无窃电、违约用电在途流程；二是零售主体符合批发市场准入要求；三是转换身份对应标的周期不能存续零售交易合同。

举例说明：假设交易平台发布零售交易公告，2023 年 10 月零售交易截止时间为 2023 年 9 月 15 日 24 点。某零售主体 2023 年 9 月 5 日申请 2023 年 10 月以批发主体身份直接参与市场交易，但与售电公司签约的零售交易合同截止时间是 2023 年 12 月，因此其不能申请转为批发主体参与电力市场交易。若 2023 年 9 月 15 日前该零售主体与售电公司终止了 2023 年 10 月及以后的零售交易合同，其可申请 2023 年 10 月起市场化交易身份由零售主体转换为批发主体或者执行 1.5 倍代理购电价格的用户。

标的月零售交易截止时间，零售主体未选择与售电公司签约零售交易合同时，该月及以后用户身份自动转为批发主体，按照批发市场相关交易规则购电，直至用户再次与售电公司签约，或用户在交易平台自愿转换为执行 1.5 倍代理购电价格的用户。

举例说明：假设交易平台发布零售交易公告，2023 年 10 月零售交易截止时间为 2023 年 9 月 15 日 24 点。某零售主体 2023 年 9 月 15 日前，未与任何一个售电公司签约 2023 年 10 月及以后月份的零售交易合同，因此 2023 年 10 月该零售主体身份自动转为批发主体，并按照批发市场相关交易规则购电与结算。

（4）零售主体转为执行 1.5 倍代理购电价格的用户。转换条件与零售主体转为批发主体条件一致。

（5）执行 1.5 倍代理购电价格的用户转为批发主体。零售主体转为批发主体需满足两个条件：一是无欠费，无窃电、违约用电在途流程；二是转换身份对应标的周期不能存续零售交易合同。

（6）执行 1.5 倍代理购电价格的用户转为零售主体。执行 1.5 倍代理购电价格的用户申请转换为零售主体，但零售交易截止时间仍未达成零售交易时，身份转换失效，其身份依然为执行 1.5 倍代理购电价格的用户。

举例说明：某执行 1.5 倍代理购电价格的用户 2023 年 9 月 5 日申请 2023 年 10 月以零售主体身份直接参与市场交易，但截至 9 月 15 日（假设 10 月零售交易截止时间为 9 月 15 日）仍未与售电公司签约零售套餐，因此其 10 月身份依然是执行 1.5 倍代理购电价格的用户。

1.2.5.2 电网企业代理购电用户

电网企业代理购电用户可在每月零售交易截止日前选择次月起直接参与市场交易，自主选择将其身份类型变更为批发主体或零售主体，按照相关文件要求通过电力批发市场或电力零售市场购电。

电网企业代理购电用户选择标的月转换为零售主体，但至该月零售交易截止时间仍未达成零售交易时，该次身份转换不生效，相应用户身份仍为电网企业代理购电用户。

举例说明：假设交易平台发布零售交易公告，2023 年 10 月零售交易截止时间为 2023 年 9 月 15 日 24 点。某电网企业代理购电用户 9 月 5 日申请 2023 年 10 月以零售主体身份参与电力市场交易，但 2023 年 9 月 15 日前，未与任何一个售电公司签约 2023 年 10 月的零售交易合同，因此 2023 年 10 月该用户身份依然为电网企业代理购电用户，并按照代理购电用户相关交易规则购电与结算。

1.2.5.3 非自主意愿入市交易用户

经政府执法部门或司法机关判定零售主体为非自主意愿入市交易的，自法律文书生效后，由零售主体自主决定是否继续参与零售交易或批发交易，选择不继续入市参与交易的零售主体，交易机构根据法律文书强制解除用户与售电公司签订的零售合同未执行部分，并将其身份转为电网代理购电用户。

1.2.6 信息变更

市场主体的注册信息发生变化时，应在变化之日起 5 个工作日之内向电力交易机构申请信息变更，经过信息变更程序后生效。

市场主体下的用电户发生并户、销户、过户、更名或者用电类别、电压等级等信息发生变化时，原用户应与新用户、售电公司就变更产生的影响协商一致。

当在电网企业办理变更前，需妥善处置已签订但尚未执行的市场化合同，并同时在电力交易机构办理注册信息变更手续，未按规定办理上述业务引发的经济责任、法律后果由市场主体自行承担。

（1）已直接参与市场交易主体的需新增用电户号时，可随时在交易平台进行注册补录，注册补录的用电户号随主体参与当月市场化交易结算。营销从接收到注册补录用电户号的次日起，开始计算新增用电户号的现货分时电量，在此之前的电量纳入月度调平电量进行结算。

举例说明：某市场主体 2023 年 10 月以零售主体身份参与电力

市场交易，2023 年 9 月 15 日前与售电公司签约 2023 年 10 月零售合约时，该市场主体下共有 3 个用电户号。2023 年 9 月 16 日至 2023 年 10 月 31 日期间，该市场主体可随时新增用电户号参与 2023 年 10 月市场交易。

假设 2023 年 10 月 20 日，该市场主体在交易平台申请新增 1 个用电户号；2023 年 10 月 21 日，营销接收到该市场主体新增用电户号信息。

2023 年 10 月电量电费结算时，新增户号的市场化分时电量从 10 月 22 日 0 点开始计算，10 月 1 日至 21 日 24 点的电量计为调平电量。新增户号的市场化月度电量全月执行该市场主体与售电公司签约的 2023 年 10 月的零售交易套餐。

（2）已直接参与市场交易主体下的用电户号需新增计量点时，其新增计量点直接随现有主体参与当月市场化交易结算，当月执行主体交易价格。自业务办理完毕的次日起新增计量点电量参与现货分时计算，在此之前的电量纳入月度调平电量进行结算。

举例说明：某市场主体 2023 年 10 月以零售主体身份参与电力市场交易，2023 年 9 月 15 日前与售电公司签约 2023 年 10 月零售合约时，该市场主体下共有 3 个用电户号。2023 年 9 月 16 日至 2023 年 10 月 31 日期间，该市场主体下的用电户号均可随时新增工商业计量点参与 2023 年 10 月市场交易。

假设 2023 年 10 月 20 日，该市场主体下某个用电户号在营销系统办理增容、改类等业扩变更业务，新增了工商业计量点，在业扩变更流程归档当天，营销系统会自动将新增计量点推送至交易中心，并于次日，即 2023 年 10 月 21 日起开始计量该新增计量点的市场化分时电量。

（3）用户发生用电类别、电压等级变化时，按照变更前后对应用电类别、电压等级进行分段结算。若用户由工商业用电变更为居民（含执行居民电价的学校、社会福利机构、社区服务中心等公益性事业用户）、农业用电时，则变更后按相应类别目录电价结算。同时用户根据相关流程到交易平台申请办理退市。

举例说明：假设 2023 年 10 月某电力用户为工商业用电，并以市场化身份参与电力市场交易，2023 年 10 月 20 日因业务变化，在营销系统办理改类等变更业务流程并完成流程归档，工商业计量点的用电性质变更成了农业用电性质。2023 年 10 月月度结算时，2023 年 10 月 1 日 0 点至 10 月 20 日装拆表期间的电量执行市场化电价，10 月 20 日装拆表之后至 2023 年 10 月 31 日 24 点的电量执行农业对应目录电价。

（4）用户发生更名时，新用户继续维持原用户的市场化身份，按原用户与售电公司约定的零售套餐进行交易电费结算，同时新用户应及时在交易平台办理变更手续。

（5）用户发生过户（变更前后用电地址物权变化）时，当月新用户可自行选择加入当月已直接参与市场交易的主体下，执行对应市场主体与售电公司约定的零售套餐或现货价格；当月新用户未选择加入当月已直接参与市场交易的主体下时，执行代理购电价格。

新用户应及时在交易平台办理变更手续，自主选择次月起通过售电公司代理参与交易，或作为批发主体参与交易，也可选择转由电网企业代理购电，执行 1.5 倍代理购电价格。若新用户未在交易平台办理变更，自次月起执行批发主体交易规则。

（6）用户发生并户时，并户前按原户分别进行电费结算，并户后按照主户市场化身份信息进行电费结算。

举例说明 1：市场化用户与市场化用户并户。

2023 年 10 月，用电户号 A 属于市场主体甲，用电户号 B 属于市场主体乙，市场主体甲和市场主体乙均为由售电公司代理参与电力市场交易的零售主体。2023 年 10 月 20 日，用电户号 A 申请与用电户号 B 并户，并户后保留的用电户号为用电户号 B，并户流程于申请当天完成。

2023 年 10 月电量电费结算时，用电户号 A 只结算 2023 年 10 月 1 日 0 点至 10 月 20 日装拆表期间的电量电费，电能电费执行市场主体甲与售电公司签约零售套餐。用电户号 B 结算 2023 年 10 月 1 日 0 点至 10 月 31 日 24 点的电量电费（包括用电户号 A 原有用电设备在 10 月 20 日装拆表后至 10 月 31 日 24 点的电量电费），市场化电量执行市场主体 B 与售电公司签约的零售套餐。

举例说明 2：市场化用户与代理购电用户并户。

2023 年 10 月，用电户号 A 属于市场主体甲，市场主体甲为零售主体；用电户号 B 为电网代理购电用户。2023 年 10 月 20 日，用电户号 A 申请与用电户号 B 并户，并户后保留的用电户号为用电户号 B，并户流程于申请当天完成。

2023 年 10 月电量电费结算时，用电户号 A，只结算 2023 年 10 月 1 日 0 点至 10 月 20 日装拆表期间的电量电费，电能电费执行市场主体甲与售电公司签约零售套餐。用电户号 B 结算 2023 年 10 月 1 日 0 点至 10 月 31 日 24 点的电量电费（包括用电户号 A 原有用电设备在 10 月 20 日装拆表后至 10 月 31 日 24 点的电量电费），市场化电量执行代理购电价格。

举例说明 3：代理购电用户与市场化用户并户。

2023 年 10 月，用电户号 A 属于市场主体甲，市场主体甲为零售主体；用电户号 B 为电网代理购电用户。2023 年 10 月 20 日，用电户号 A 申请与用电户号 B 并户，并户后保留的用电户号为用电户号 A，并户流程于申请当天完成。

2023 年 10 月电量电费结算时，用电户号 A 结算 2023 年 10 月 1 日 0 点至 10 月 31 日 24 点的电量电费（包括用电户号 B 原有用电设备在 10 月 20 日装拆表后至 10 月 31 日 24 点的电量电费），电能电费执行市场主体甲与售电公司签约零售套餐。用电户号 B 结算 2023 年 10 月 1 日 0 点至 10 月 20 日装拆表期间的电量电费，市场化电量执行代理购电价格。

（7）用户发生分户时，用户变更前后进行分段结算，分户前按原户进行交易电费结算，分户后新增的用电户号按新装用电办理。

举例说明：2023 年 10 月，用电户号 A 属于市场主体甲，市场主体甲为零售主体。2023 年 10 月 20 日，用户申请分为两户，分户流程完成后，用电户号 A 分成了用电户号 A 和用电户号 B。

2023 年 10 月电量电费结算时，用电户号 A 只结算 2023 年 10 月 1 日 0 点至 10 月 20 日装拆表期间的电量电费，电能电费执行市场主体甲与售电公司签约零售套餐。用电户号 B 结算 2023 年 10 月 20 日装拆表至 10 月 31 日 24 点期间的电量电费，电能电费结算按照用电户号 B 的入市情况确定：在 10 月 31 日前注册入市且入市时间为 2023 年 10 月，其 10 月电费执行市场交易规则结算，市场化电量执行与售电公司约定的零售套餐或者现货市场电价；10 月 31 日前未注册入市的，其 10 电费按照代理购电规则结算，市场化电量执行电网企业代理购电价格。

（8）用户发生销户时，按照用户实际市场化电量结算，用户需在次月按照市场化电费清算结果结清相关费用后完成销户流程。

若市场成员注册信息发生变化而未在交易平台办理信息变更，或者需要补充相关信息而未及时补充的，经核实后电力交易机构会将情况报山西省能源局、山西能源监管办，并通过"信用中国"和交易平台网站对外进行通报，该情况视为提供虚假信息报第三方征信机构记入信用评级。

1.2.7　退市程序

1.2.7.1　退出市场条件

已经选择市场化交易的市场主体（含主体下的电力用户），原则上不得自行退出市场。按照国家发展改革委《关于组织开展电网企业代理购电工作有关事项的通知》（发改价格〔2021〕809号）文规定："已直接参与市场交易的高耗能用户，不得退出市场交易"。但电力用户存在下列情形之一的，可以办理正常退出手续：

（1）市场主体宣告破产，不再用电；

（2）因国家政策、电力市场规则发生重大调整，导致原有市场主体非自身原因无法继续参加市场的情况；

（3）因电网网架调整，导致电力用户的用电物理属性无法满足所在地区的市场准入条件。

市场主体在交易合同履行过程中禁止退出，如需退出，应在妥善处理交易相关事宜并按合同约定补偿有关方面损失后退出。

1.2.7.2　退出市场程序

（1）申请注销。满足自动退出市场条件的电力用户需要退出市场时，需提前向电力交易机构提交市场注销申请，并提交退市申请书，申请书内容包括：申请退出原因、与其他市场主体之间的交易及费用结算情况、尚未履行的市场交易合同及对未履行合同的处理协议、拟退市日期。

（2）资料审查。电力交易机构在收到电力用户自愿退出市场的申请后，会在 5 个工作日内完成对电力用户提交的申请和相关材料的审查，材料不全的通知其进行补充。

（3）退市审查。用户申请资料完善后，电力交易中心会将用户申请信息推送至国家电网公司，由国家电网公司对其退市相关信息进行核查。电力交易机构将根据电网公司的核查结果，确定用户是否符合正常退市条件。

（4）办理注销。符合正常退市条件的，系统办理退出市场手续。

1.3　电力市场结算原则

山西省电力市场电费结算原则为交易中心出具结算依据、电网企业负责电费结算和电费回收。零售用户、批发用户、代理购电用户因参与电力市场交易方式不同、电费结算原则也不同。

1.3.1　零售用户电费结算原则

1.3.1.1　结算模式

零售用户在零售市场上以月度（自然月）为周期进行结算，以零售用户实际用电量和对应零售主体与售电公司签约的零售套餐为依据开展结算。按照山西省零售电费结算规则，当零售主体与售电公司约定的零售套餐不同时，零售用户电费结算模式也不同。

（1）签订"基础+非分时"价格套餐的零售主体。零售主体与售电公司签订"基础+非分时"价格套餐时，对应的零售用户采用月度（自然月）结算模式。

（2）签订其他套餐的零售主体。零售主体与售电公司签订"组合""基础+分时"价格套餐时，对应零售用户采用"预结算+月度结算+补差结算"模式。

1）预结算。预结算是指在每月 1～6 日内，对用户上月电能电费、力调电费进行预结算，对输配电费、系统运行费用、政府性基金及附加等费用进行正式结算，结算的电量电费通过营销系统向零售用户发布并进行收费。

2）月度结算。月度结算是指每月 10～15 日期间，按照售电公司与零售主体约定的零售套餐，及零售电费结算规则计算零售主体最终应结算的电能电费、偏差电费，并通过交易平台向市场主体公布。

3）补差结算。补差结算是指每月 20～25 日期间，计算零售用户最终应结算的电费与预结算电费之间的差值，并以多退少补的方式通过营销系统向用电用户发布并进行收费。

1.3.1.2　结算时段

（1）签订非分时套餐的零售主体。零售主体与售电公司签订非分时套餐时，对应零售用户以月度为一个计量、清分及结算时段。

（2）签订分时套餐的零售主体。零售主体与售电公司签订分时套餐时，对应零售用户以每小时为一个计量及结算时段。

1.3.1.3　结算流程

零售用户电费结算流程包括数据准备、抄表数据获取、电量计算与发布、预结算、月度结算、补差结算。

（1）数据准备（抄表例日，每月 1 日）。营销系统在抄表例日锁定用户档案，并进行数据准备，数据准备成功后发起抄表计划，并将电能表档案信息及抄表计划推送至采集系统。

（2）抄表数据获取及审核。采集系统根据营销系统推送的电能表档案及抄表计划，完成电能表月度示数采集工作，抄表员需对示数完整性、准确性进行审核。

（3）电量计算及审核。营销系统根据采集推送的示数及用户档案，计算月度电量，并根据校验规则审核电量准确性。

（4）预结算。月末最后两天，省营销服务中心按照市场规则清分零售用户预结算时执行的交易电价。$M+1$ 日至 $M+6$ 日内，营销系统根据计算的电量以及用户档案信息完成量、费发行，其中电能电费、力调电费为预结算电费、输配电费、代征电费、上网环节线损费用等费用为正式结算电费。按照山西省电力公司相关规定，预结算发行的电费需在每月 22 日 24 点前完成电费回收。

（5）月度结算（$M+7$ 至 $M+15$ 日）。省营销服务中心先将零售主体 96 点电量汇总至 24 小时，再按照零售交易规则、零售套餐、预结算的月度电量和用户 24 小时分时电量，计算零售主体的月度交易电费、偏差电费结算、虚拟电厂红利费用。

（6）补差结算（$M+25$ 日）。省营销服务中心按照月度结算结果以及预结算结果，计算零售用户的补差电费（包括电能差费、偏差电费、虚拟电厂红利费用、力调补差电费），并 $M+25$ 日前完成补差电费核查与发行工作。补差电费随次月预结算电费一并回收，即补差电费需在次次月 22 日 24 点完成回收。例如 9 月的补差电费，需在 10 月 25 日前发行，在 11 月 22 日 24 点前完成电费回收。

1.3.2 批发用户电费结算原则

按照山西省电力市场交易规则规定，不具备分时计量条件的低压用户、电信基站等电力用户以及榆林供电公司用电暂不直接参与现货市场，该类用户统称非现货用户，当非现货用户选择以批发主体身份参与电力市场交易时称之为非现货批发主体。除此之外，选择以批发主体身份参与电力市场交易的用户称之为现货批发主体。目前，国网山西省电力公司经营区域内的用户（不包含榆林供电局）全部具备分时计量条件，不存在非现货批发主体，山西地方电力公司经营区域内的用户还存在不具备分时计量条件的低压、电信基站用户。

非现货批发主体和现货批发主体因购电市场不同，对应批发用户的结算模式、结算周期、结算时段、结算电量和结算电价均各有不同。

1.3.2.1 结算模式

1. 非现货批发用户（不含榆林供电局）

批发主体为非现货批发主体时，对应批发用户电量电费采用月度（自然月）结算模式。

2. 现货批发用户

批发主体为现货批发主体时，对应批发用户电量电费采用"日清结算+预结算+月度结算+补差结算"结算模式。

（1）日清结算。日清结算是指按日计算批发主体的中长期市场交易量费、日前市场交易量费，实时市场交易量费进行结算，并生成日清分账单，结算的电量电费通过交易平台向市场主体公布不进行收费。

（2）预结算。预结算是指在每月 1～6 日内，对批发用户上月电能电费、力调电费进行预结算，对输配电费、系统运行费用、政府性基金及附加等费用进行正式结算，结算的电量电费通过营销系统向批发用户发布并进行收费。

（3）月度结算。月度结算是指每月 10～15 日期间，按照电力市场电费结算规则计算批发主体最终应结算的交易电费，包括电能电费、市场运用费用、独立储能和用户可控负荷参与电力削峰填谷分摊费用（简称削峰填谷辅助服务分摊费用）等，并通过交易平台向市场主体公布。

（4）补差结算。补差结算是指每月 16～25 日期间，计算批发用户最终应结算的电费与预结算电费之间的差值，并以多退少补的方式通过营销系统向批发用户发布并进行收费。

3. 特殊批发用户

山西参与电力市场交易的特殊批发主体有榆林供电局、抽水蓄能用户、独立储能用户。以上用户中，榆林供电局虽然不参与现货交易，但其电费结算过程中需考虑山西省内现货实时市场月度加权平均价的大小，而山西省内现货实时市场月度加权平均价在次月 10 日左右才能确定。同时其他特殊主体参与现货交易，执行现货价格并承担市场运营费用，因此特殊主体对应的批发用户在电量电费结算时均采用"预结算+月度结算+补差结算"结算模式。

（1）预结算。预结算是指在每月 1～6 日内，对用户上月电能电费、进行预结算，对输配电费进行正式结算，结算的电量电费通过营销系统向批发用户发布并进行收费。

（2）月度结算。月度结算是指每月 10～15 日期间，按照电力市场电费结算规则计算批发主体最终应结算的交易电费，包括电能电费、偏差电费、削峰填谷辅助服务分摊费用等，并通过交易平台向市场主体公布。

（3）补差结算。补差结算是指每月 16～25 日期间，计算批发用户最终应结算的电费与预结算电费之间的差值，并以多退少补的方式通过营销系统向批发用户发布并进行收费。

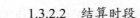

1.3.2.2 结算时段

（1）非现货批发用户。批发主体为非现货批发主体时，对应批发用户以月度为一个计量、清分及结算时段。

（2）现货批发主体。批发主体为现货批发主体时，对应批发用户以每 15 分钟为一个计量、清分及结算时段。

1.3.2.3 结算流程

批发用户电费结算流程包括数据准备、抄表数据获取、电量计算与发布、合约及日前申报数据清分、日清账单计算与发布、预结算、月度结算、补差结算。

（1）数据准备（D 日）。营销系统 D 日 0 点锁定用户档案，并进行数据准备，数据准备重点检查是户与计量点的核算包是否一致、属性是否为市场化属性等问题，数据准备成功后发起抄表计划，并将电能表档案信息及抄表计划推送至采集系统。

（2）抄表数据获取（$D+2$ 日）。采集系统根据营销系统推送的电能表档案及抄表计划，在 $D+2$ 日内完成 D 日电能表每 15 分钟的数据采集工作，其间计量专业需通过补采、数据拟合等方式完成异常问题处理。$D+3$ 日 0 点前采集系统将获取的示数推送至营销系统。

（3）电量计算与发布（$D+3$ 日至 $D+4$ 日）。营销系统根据采集推送的示数，以及用户 D 日 0 点数据准备的档案信息，完成用户 D 日每 15 分钟电量计算工作，并与采集专业共同核查并完成大电量、跳变、翻转等电量异常问题处理工作。$D+4$ 日将计算的电量通过交易平台向市场主体公布，同步接收、核查并反馈市场主体对电量的异议。

（4）合约及日前申报数据清分（$D+4$ 日）。D 日交易平台将 D 日每 15 分钟的中长期交易的合约明细、日前申报电量信息推送至营销系统。营销系统校验合格后，清分每个市场主体 D 日每 15 分钟的交易的合约电量、合约电费以及日前申报电量。

（5）日清账单计算与发布（$D+5$ 日～$D+6$ 日）。$D+4$ 日，财务系统将 D 日日前市场每 15 分钟的统一结算点电价和实时市场每 15 分钟的统一结算点电价推送至营销系统。$D+5$ 日营销系统根据合约及日前数据清分结果和财务推送的电价计算 D 日批发市场主体的电能电费，生成日清账单并向市场主体公布，同步接收、核查并反馈市场主体对电量电费的异议。

（6）预结算（$M+1$～$M+6$ 日）。月末最后两天省营销服务中心按照市场规则清分电力用户预结算时执行的交易电价。$M+1$ 日至 $M+6$ 日内，营销系统根据采集系统推送示数以及营销系统计算的 1 日 0 点至月末 24 点之间的电量完成电量电费预结算，并完成电费发行。按照山西省电力公司相关规定，因此预结算发行的电费需在每月 22 日 24 点前完成电费回收。

（7）月度结算（$M+7$～$M+15$ 日）。预结算完成后，省营销服务中心联合省公司财务部、发展部以及交易中心完成用户电能电费、市场运营费用、削峰填谷辅助服务分摊费用的计算工作，并生成月度结算账单。按照《国家电网有限公司电费业务管理办法》和《山西省电力市场运行规则》规定，电力用户月度结算账单应在每月 15 日前发布，遇特殊情况和节假日，结算相关工作顺延（结算单发布遇到周六、周日和其他节假日时，相关结算单顺延至下一工作日发布）。

（8）补差结算（$M+25$ 日）。月度结算完成后，省营销服务中心按照月度结算结果以及预结算结果，计算批发用户的补差电费（包括电能差费、市场运营费用、力调差费等费用），并于 $M+25$ 日前组织地市公司完成补差电费核查与发行工作，补差电费随次月预结算电费一并回收，及补差电费需在次次月 22 日 24 点完成回收。例如 9 月的补差电费，需在 10 月 25 日前发行，在 11 月 22 日 24 点前完成电费回收。

1.3.3　代理购电用户电费结算原则

代理购电用户（包含执行 1.5 倍代理购电价格的用户）以月度（自然月）为周期进行结算，以用户实际用电量和对应代理购电价格为依据开展结算。电费结算流程包括数据准备、抄表数据获取及审核、电量计算及审核、电费计算及发行结算。数据准备、抄表数据获取及审核、电量计算及审核 3 个环节与零售用户一致。电费计算及发行结算流程与零售用户相同，不同的是代理购电用户结算的电能电费、力调电费、输配容（需）量电费代征电费、系统运行费用、上网环节线损费用等费用均为正式结算电费，无须进行补差结算。

2 零售用户电费结算体系

2.1 零售用户电费构成

2023 年 5 月 9 日，国家发展改革委发布《关于第三监管周期省级电网输配电价及有关事项的通知》（发改价格〔2023〕526 号）文，文件规定：自 2023 年 6 月 1 日起，工商业用户用电价格由上网电价、上网环节线损费用、输配电价、系统运行费用、政府性基金及附加组成。相对应，零售用户结算的电费包括上网电费（也称交易电费）、上网环节线损费用、输配电费、输配容（需）量电费、系统运行费用、政府性基金及附加费用、力调电费等。

2.1.1 交易电费

目前，山西省零售用户结算的交易电费包括电能电费（也称零售交易电费）、偏差电费和基础电费。

2.1.1.1 电能电费

电能电费是指根据售电公司与零售主体约定的交易电价以及营销系统计量的用户工商业用电量（含变损电量、线损电量）计算的电能量电费。

2.1.1.2 偏差电费

按照《山西省电力市场规则汇编》——《电力零售市场实施细则》规定，当零售主体与售电公司签订的零售套餐中约定了电量，

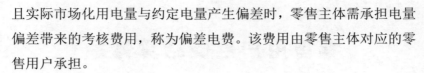

且实际市场化用电量与约定电量产生偏差时，零售主体需承担电量偏差带来的考核费用，称为偏差电费。该费用由零售主体对应的零售用户承担。

2.1.1.3 基础电费

2021 年 10 月 11 日，国家发展改革委《关于进一步深化燃煤发电上网电价市场化改革的通知》（发改价格〔2021〕1439 号）文规定：保持居民、农业用电价格稳定，居民（含执行居民电价的学校、社会福利机构、社区服务中心等公益性事业用户）、农业用电由电网企业保障供应，执行现行目录销售电价政策。2023 年 5 月 26 日，山西省发展改革委《关于山西电网第三监管周期输配电价及有关事项的通知》（晋发改商品发〔2023〕166 号）文也同步规定：居民生活、农业生产用电继续执行现行目录销售电价政策。因此当零售用户存在居民生活、农业生产用电时，交易电费还包括目录电费（也称基础电费）。

2011 年 11 月 29 日，国家发展改革委《关于居民生活用电试行阶梯电价的指导意见的通知》（发改价格〔2011〕2617 号）文规定：鼓励居民用电实行峰谷分时电价，各地在推行居民阶梯电价的基础上，可同时执行居民峰谷分时电价办法，是否执行峰谷分时电价，由居民自行选择。2013 年 12 月 11 日，国家发展改革委《关于完善居民阶梯电价制度的通知》（发改价格〔2013〕2523 号）文规定：全面推行居民用电峰谷分时电价政策。2015 年 12 月 28 日，山西省物价局《关于居民用电试行峰谷分时电价政策的通知》（晋价商字〔2015〕357 号）文规定：电网企业营业区内能够直接抄表到户的居民用户（不含多户居民共用一块电表计量的用户）、执行居民电价的非居民用户、执行居民电价的城乡居民住宅小区公共附属设施用电及电动汽车充换电设施用电均可自愿选择实行峰谷分时电价政策。因此，当零售用户存在的执行居民电价的计量点，且用户选择执行峰谷分时电价时，结算的基础电费将包括基础峰电费和基础谷电费。

综上所述，零售用户结算的交易电费包括零售交易电费、电能偏差电费、基础电费。

2.1.2　上网环节线损费用

上网环节线损费用是指用户在直接参与市场购电或电网企业代理购电过程中产生的线损电量所应支付的购电费用。

2023 年 5 月 9 日，发改价格〔2023〕526 号文规定：上网环节线损费用按实际购电上网电价和综合线损率计算。电力市场暂不支持用户直接采购线损电量的地方，继续由电网企业代理采购线损电量，代理采购损益按月向全体工商业用户分摊或分享。2023 年 5 月 26 日，晋发改商品发〔2023〕166 号文规定：线损电量暂由电网企业代理采购。第三监管周期山西省上网环节综合线损率为 3.52%。

根据国家、山西省发展改革委相关规定，自 2023 年 6 月 1 日起，零售用户结算的电费中将包括上网环节线损电费。

2.1.3　输配电费

输配电费是指电网企业为提供电力传输和配送服务而向用户收取的费用，包括输配电量电费和输配容（需）量电费。

2002 年 2 月 10 日，国务院发布《关于印发电力体制改革方案的通知》（国发〔2002〕5 号）文，文件规定：将电价划分为上网电价、输配电价和终端销售电价，输配电价由政府确定电价原则。

2009 年 7 月 1 日，国家能源局发布《关于完善电力用户与发电企业直接交易试点工作有关事项的通知》（电监市场〔2009〕20 号）文，文件规定：输配电价实行两部制。

2013 年 9 月 9 日，国家发展改革委发布《关于核定山西省电力用户与发电企业直接交易试点输配电价的批复》（发改办价格〔2013〕2200 号）文件规定：电力用户与发电企业直接交易试点电网输配电价执行两部制电价。两部制电价包含电量电价和基本电价。

2017 年 2 月 27 日，山西省发展改革委发布《关于山西电网 2017～2019 年输配电价及有关事项的通知》（晋发改商品发〔2017〕101 号）文，文件明确了山西电网 2017～2019 年监管周期内分电压等级输配电价。

2021 年 11 月 26 日，山西省发展改革委发布《关于山西电网 2020～2022 年输配电价及有关事项的通知》（晋发改商品发〔2020〕553 号）文，文件明确了山西电网 2020～2022 年内分电压等级输配电价。

2023 年 5 月 9 日，发改价格〔2023〕526 号文规定：执行工商业（或大工业、一般工商业）用电价格的用户（简称工商业用户），用电容量在 100 千伏安及以下的，执行单一制电价；100 千伏安至 315 千伏安之间的，可选择执行单一制或两部制电价；315 千伏安及以上的，执行两部制电价，现执行单一制电价的用户可选择执行单一制电价或两部制电价。2023 年 5 月 26 日，晋发改商品发〔2023〕166 号文，进一步明确了山西电网第三监管周期输配电价。

根据国家、山西省发展改革委相关规定，零售用户结算的电费中将包括输配电费。当其容量在 315 千伏安及以上时，输配电费包括输配电量电费和输配容（需）量电费；当其容量在 100 千伏安及以下时，输配电费只有输配电量电费；当其容量在 100～315 千伏安之间，且选择执行两部制电价时，输配电费包括输配电量电费和输配容（需）量电费；当其容量在 100～315 千伏安之间，且选择执行单一制电价时，输配电费仅有输配电量电费。

2.1.4　系统运行费用

系统运行费用是指为整个电力系统服务，应当由全体用户承担的费用。2023 年 5 月 9 日，发改价格〔2023〕526 号文规定：系统运行费用包括辅助服务费用、抽水蓄能容量电费等。2023 年 5 月 26 日，晋发改商品发〔2023〕166 号文规定：系统运行费用包括辅助服务费用、抽水蓄能容量电费、有关损益等。按照《山西电网第三监管周期输配电价表》确定有关损益包括上网环节线损代理采购损益、电价交叉补贴新增损益、趸售电价损益。

2021 年 12 月 8 日，国家能源局山西监管办公室、山西省能源局联合发布的《关于强化市场监管有效发挥市场机制作用促进全省今冬明春电力供应保障的通知》（晋监能市场〔2021〕187 号）文规定：按照国家要求，逐步将辅助服务成本向用户侧疏导，初期，将"双细则"（具体出自山西能源监管办《关于印发山西并网发电厂辅助服务管理实施细则和并网运行管理实施细则的通知》（晋监能市场〔2021〕94 号）中自动发电控制（AGC）辅助服务补偿费用由火电、风电、光伏按照月度上网电量按 1∶1∶1 分摊改为由发电侧和用户侧均分。因此，零售用户结算的系统运行费用中还应包括自动发电控制（AGC）辅助服务补偿费用。

2023 年 11 月 8 日，国家发展改革委、国家能源局发布《关于建立煤电容量电价机制的通知》（发改价格〔2023〕1501 号）文，文件规定：各地煤电容量电费纳入系统运行费用，每月由工商业用户按当月用电量比例分摊。

综上所述，零售用户结算的系统运行费用包括辅助服务费用、抽水蓄能容量电费、上网环节线损代理采购损益费用、电价交叉补贴新增损益费用、趸售电价损益费用、自动发电控制（AGC）辅助服务补偿费用、煤电容量电费分摊费用。

2.1.4.1 抽水蓄能容量电费

抽水蓄能容量电费是指按照统一方法核定的补偿抽水蓄能电站提供调频、调压、系统备用和黑启动等辅助服务的费用。

2021 年 4 月 30 日，国家发展改革委《关于进一步完善抽水蓄能价格形成机制的意见》（发改价格〔2021〕633 号）文规定：健全抽水蓄能电站电费分摊疏导方式。政府核定的抽水蓄能容量电价对应的容量电费由电网企业支付，纳入省级电网电价回收。

2023 年 5 月 30 日，山西省发展改革委《关于西龙池抽水蓄能电站容量电价及有关事项的通知》（晋发改商品发〔2023〕172 号）文规定：容量电费纳入系统运行费用向全体工商业用户分摊。

2.1.4.2 上网环节线损代理采购损益费用

上网环节线损代理采购损益费用是指电网企业当月代理采购线损电量支付的上网电费，与用户实际负担的上网环节线损费用的差额。

2023 年 5 月 26 日，晋发改商品发〔2023〕166 号文规定：线损电量暂由电网企业代理采购，代理采购损益按月向全体工商业用户分摊或分享，因此零售用户结算的系统运行费用中还包括上网环节线损代理采购损益费用。

2.1.4.3 电价交叉补贴新增损益费用

电价交叉补贴新增损益费用是指每月工商业等用户提供的交叉补贴与居民农业等用户享受的交叉补贴金额的差额。

2023 年 5 月 26 日，晋发改商品发〔2023〕166 号文规定：居民生活、农业生产用电继续执行现行目录电价政策。电网企业每月保障居民、农业生产用电发生的实际损益，与当月基期电价交叉补贴总额的差额，作为电价交叉补贴新增损益，按月向工商业用户分摊或分享。

2.1.4.4 趸售电价损益费用

趸售电价损益费用是指电网企业执行趸售电价等与国家输配电价产生的差额。

2023 年 5 月 26 日，晋发改商品发〔2023〕166 号文规定：山西地方电网输配电价暂参照附件所列标准执行，与山西电网暂按现行电价机制结算，公平承担上网环节线损费用、系统运行费用等，相关损益纳入代理购电制度向所有工商业用户分摊或分享，待山西省发展改革委核定地方电网输配电价后另行清算。水电自供区企业参照执行。

2.1.4.5 自动发电控制（AGC）辅助服务补偿费用

2021 年 12 月 8 日，国家能源局山西监管办公室、山西省能源局联合发布《关于强化市场监管有效发挥市场机制作用 促进全省今冬明春电力供应保障的通知》（晋监能市场〔2021〕187 号）文，文件规定：用户侧承担费用部分由批发市场用户（含售电公司、电网企业代理购电用户）和优先购电用户按照实际用电量比例分摊。由售电公司代理购电的零售主体承担的费用，未完成分时表计改造的由所代理电力用户承担，完成分时表计改造的由售电公司和零售主体协商确定。

2022 年 7 月 19 日，国家能源局山西监管办公室《关于修订电力调频辅助服务市场有关规则条款的通知》（晋监能市场规〔2022〕2 号）文规定：自动发电控制（AGC）辅助服务补偿费用的用户侧承担部分，由所有市场化用户（含电网代理购电的工商业用户）按实际电量比例分摊。

2.1.4.6　辅助服务费用

晋发改商品发〔2023〕166 号文规定：辅助服务费用按国家发展改革委规定执行。因目前国家发展改革委无关于辅助服务费用的相关规定，因此零售主体结算的辅助服务费用均为 0 元。

2.1.4.7　煤电容量电费分摊费用

煤电容量电费是根据山西省煤电容量电价和机组申报的最大出力确定的煤电机组可获得的容量电费。

煤电容量电费，每月由工商业用户按当月用电量比例分摊，由电网企业按月发布、滚动清算。

2.1.5　政府性基金及附加

按照 2020 年 11 月 26 日，山西省发展改革委《关于山西电网 2020—2022 年输配电价和销售电价有关事项的通知》（晋发改商品发〔2020〕553 号）文件相关规定，目前山西省执行的政府性基金及附加电费包括国家重大水利工程建设基金、可再生能源电价附加、大中型水库移民后期扶持资金、农网还贷资金 4 种。

2.1.5.1　国家重大水利工程建设基金

国家重大水利工程建设基金是国家为支持南水北调工程建设、解决三峡工程后续问题以及加强中西部地区重大水利工程建设而设立的政府性基金。2009 年 12 月 31 日，财政部、国家发展改革委、水利部关于印发《国家重大水利工程建设基金征收使用管理暂行办法》（财综〔2009〕90 号）文规定：重大水利基金在除西藏自治区以外的全国范围内筹集，按照各省、自治区、直辖市扣除国家扶贫开发工作重点县农业排灌用电后的全部销售电量和规定征收标准计征。征收范围为各省、自治区、直辖市全部销售电量包括省级电网企业销售给电力用户的电量、省级电网企业扣除合理线损后的趸售电量（即实际销售给转供单位的电量）、省级电网企业销售给子公司的电量和对境外销售电量、企业自备电厂自发自用电量、地方独立电网销售电量（不含省级电网企业销售给地方独立电网企业的电量）。除企业自备电厂自发自用电量和地方独立电网销售电量外，重大水利基金由省级电网企业向电力用户收取电费时一并代征。

2.1.5.2　可再生能源电价附加

《中华人民共和国可再生能源法》规定："电网企业依照确定的上网电价收购可再生能源电量所发生的费用，高于按照常规能源发电平均上网电价计算所发生费用之间的差额，附加在销售电价中分摊"。

2011 年 11 月 29 日，财政部、国家发展改革委、国家能源局《关于印发〈可再生能源发展基金征收使用管理暂行办法〉的通知》（财综〔2011〕115 号）文规定：可再生能源电价附加在除西藏自治区以外的全国范围内，对各省、自治区、直辖市扣除农业生产用电（含农业排灌用电）后的销售电量征收，销售电量包括：省级电网企业（含各级子公司）销售给电力用户的电量、省级电网企业扣除合理线损后的趸售电量（即实际销售给转供单位的电量，不含趸售给各级子公司的电量）、省级电网企业对境外销售电量、企业自备电厂自发自用电量、地方独立电网（含地方供电企业）销售电量（不含省级电网销售给地方独立电网的电量）、大用户与发电企业直接交易的电量。

2.1.5.3 大中型水库移民后期扶持资金

大中型水库移民后期扶持资金是为帮助水库移民脱贫致富，促进库区和移民安置区经济社会发展、保障新时期水利水电事业健康发展，解决国家设立的库区维护基金、库区建设基金和库区后期扶持基金，扶持政策不统一、扶持标准偏低、移民直接受益不够等问题设立的一项基金。

2006 年 5 月 17 日，国务院《关于完善大中型水库移民后期扶持政策的意见》（国发〔2006〕17 号）文规定：水库移民后期扶持资金由国家统一筹措。提高省级电网公司在本省（区、市）区域内全部销售电量（扣除农业生产用电）的电价，提价收入专项用于水库移民后期扶持。后期扶持资金作为政府性基金纳入中央财政预算管理。通过电价加价筹措的后期扶持资金由各省级电网公司随电费征收，全额上缴中央财政。

2.1.5.4 农网还贷资金

国家计委、财政部《关于农村电网改造还贷有关问题的通知》（计价格〔2001〕2466 号）文规定：从 2001 年 1 月 1 日起，将征收的"两分钱"电力建设基金取消后并入电价收取，用于解决农村电网改造还贷问题。实行"一省两贷或多贷"的省（区、市）建立农网还贷基金，由各级电网经营企业收取后缴入国库，根据国家批复的各承贷主体农网贷款比例和投资完成情况，分别拨付给各承贷主体，专项用于偿还农网改造贷款本息。

2001 年 12 月 17 日，财政部《关于印发农网还贷资金征收使用管理办法的通知》（财企〔2001〕820 号）文规定：对农网改造贷款一省多贷的山西、吉林、湖南、湖北、广东、广西、四川、重庆、云南、陕西等省、自治区、直辖市建立农网还贷资金。农网还贷资金纳入国家财政预算管理。农网还贷资金按社会用电量每千瓦时 2 分钱标准，并入电价收取。本办法执行时间暂定 5 年，即从 2001 年 1 月 1 日至 2005 年 12 月 31 日。

2006 年 1 月 4 日，财政部《关于处理 18 项到期政府性基金政策有关事项的通知》（财综函〔2006〕1 号）文规定：农网还贷资金原有政策执行期限延续至 2006 年底。2007 年 1 月 8 日，财政部《关于延续农网还贷资金等 17 项政府性基金政策问题的通知》（财综〔2007〕3 号）文规定：经国务院批准，2006 年底执行到期的农网还贷资金，继续予以保留。

2.1.6　虚拟电厂用户可分享红利

2023 年 9 月，山西省第一家虚拟电厂聚合商代理用户参与虚拟电厂交易并正式结算。零售主体由虚拟电厂聚合商代理参与虚拟电厂交易，零售主体可与售电公司共同分享通过虚拟电厂交易赢得的红利。零售主体分享的红利，由对应零售用户分享。因此虚拟电厂零售用户结算的电费会包含虚拟电厂用户可分享红利。

2.1.7　力调电费

1983 年 12 月 2 日，原水利电力部、国家物价局发布《功率因数调整电费办法》，文件明确了工业用户、非工业用户、农业用户和趸售用户的功率因数的标准值、执行范围及计算方法。

1990 年 11 月 9 日，原能源部经济调节司在《关于功率因数执行范围问题的复函》（经价〔1990〕165 号）文规定：功率因数调整电费办法适用于工业用户、非工业用户、农业用户和趸售用户，此规定是对用户性质而言的，并非按照电价分类划分。旅馆、饭店和机关等带空调设备的用电，虽然执行照明电价，但都属于非工业用户。只要其变压器容量达到 100 千伏安及以上的，就应执行功率因数调整电费办法。

综上所述，变压器容量达到 100 千伏安及以上的工业用户、非工业用户、农业用户结算的电费中应包括功率因数调整电费。

总结：零售用户结算电费＝交易电费＋上网环节线损费用＋输配电费＋系统运行费用＋政府性基金及附加＋虚拟电厂用户可分享红利＋力调电费＝（零售交易电费＋基础电费＋偏差电费）＋上网环节线损费用＋［输配电量电费＋输配容（需）电费］＋（抽水蓄能容量电费＋上网环节线损代理采购损益费用＋电价交叉补贴新增损益费用＋趸售电价损益费用＋辅助服务费用＋自动发电控制辅助服务补偿费用＋煤电容量电费分摊费用）＋（国家重大水利工程建设基金＋可再生能源电价附加＋大中型水库移民后期扶持资金＋农网还贷资金）＋虚拟电厂用户可分享红利＋力调电费。

2.2 零售交易套餐

2020 年 12 月 23 日，山西能源监管办、山西省发展改革委发布《关于印发〈山西省电力中长期交易实施细则〉的通知》（晋监能〔2020〕16 号）文，文件规定：零售市场结算中，零售用户全量执行零售电价（也称电能电价），零售电价确定的原则包括"固定价格、价差分成、固定价格＋价差分成、分时定价、成交均价＋固定价差"。在此期间批发市场和零售市场交易未开展分时交易，因此 2021

年 1 月起，零售电价确定的原则只包括了固定价格、价差分成、固定价格+价差分成、成交均价+固定价差 4 种类型。

2021 年 7 月 1 日，为衔接批发市场中长期分时交易实施，零售市场正式开展分时段交易，分时定价原则正式上线运行，零售电价确定原则从 4 种更新成了 5 种。

2022 年 10 月 11 日，山西省能源局发布《关于启动山西电力线上零售市场试运行的通知》，文件规定：2022 年 12 月零售交易时启动我省电力线上零售市场试运行。售电公司参与零售市场交易时，通过零售交易平台向用户提供零售套餐，零售主体自主选择零售套餐并与售电公司签约零售合约。

2.2.1 零售套餐分类

2.2.1.1 按套餐类型分类

从套餐类型上，售电公司和零售主体约定的零售套餐可分为基础价格套餐、组合价格套餐。组合价格套餐由两个基础价格套餐组合形成，并分为基准套餐与浮动套餐。基准套餐与浮动套餐在结算时将计算同一市场化用电量下的综合电价，并进行高低比较，根据浮动系数计算出最终月度零售结算电价。按照山西省能源局《关于做好 2024 年电力零售交易有关工作的通知》规定，中小用户［指接入电压等级 10 千伏及以下的零售市场主体（虚拟电厂聚合零售市场主体除外）］只能选择基础价格套餐。

2.2.1.2 按时段类型分类

从时段类型上，售电公司和零售市场主体约定的零售套餐可分为分时价格套餐、非分时价格套餐。分时价格套餐是指按 24 个小时划分的时段分别约定电价。非分时套餐是指按月度为维度约定电价。按照山西省能源局发布的《关于做好 2024 年电力零售交易有关工作的通知》规定，不同电压等级、不同类型用户可选择电价类型不同。

（1）接入电压等级为 1 千伏及以下（多电压等级市场主体按最高电压等级，下同）零售主体、电信基站用户只能选择非分时价格套餐。

（2）接入电压等级为 1 千伏以上、10 千伏及以下的零售主体可自主选择分时价格套餐或非分时价格套餐。

（3）接入电压等级为 35 千伏及以上的零售主体（国家规定不执行峰谷电价的零售市场主体）只能选择分时价格套餐。

（4）接入电压等级为 1 千伏以上的电气化铁路牵引用电零售主体可自主选择分时价格套餐或非分时价格套餐。

（5）虚拟电厂聚合零售主体只能选择分时价格套餐。

（6）对于选择组合价格套餐的零售主体，基准套餐和浮动套餐中，任何一个基础价格套餐为分时价格套餐的，该组合价格套餐即为分时价格类型。

2.2.1.3　按电量类型分类

从电量类型上，售电公司和零售主体约定的零售套餐可分为约定电量套餐、不约定电量套餐。用户选择约定电量的套餐时，在零售交易时需按月填写零售约定电量。用户选择分时价格套餐时，需按月约定 24 个时段对应的零售约定电量。按照山西省能源局发布的《电力零售市场实施细则》规定，用户选择的套餐类型、分时类型不同可约定的电量类型不同。

（1）组合价格套餐，不允许约定电量。

（2）非分时价格套餐，不允许约定电量。

（3）接入电压等级为 10 千伏及以下零售主体，不允许约定电量。

根据以上分类，零售主体和售电公司约定的零售套餐共有"基础+非分时""基础+分时+约定电量""基础+分时+不约定电量""组合+非分时"（基准非分时+浮动非分时）、"组合+分时+不约定电量"（基准分时+浮动非分时+不约定电量、基准分时+浮动分时+不约定电量）5 种价格套餐。

2.2.2　零售套餐参数

零售套餐参数分为电价参数、电量参数及其他参数。

2.2.2.1　电价参数

零售套餐的电价包括约定电价（又称零售电价）、偏差电量电价。约定电价均由价格值与价差值组成。价格值、价差值中各类套餐可选择的类型、价格波动范围按照政府相关文件规定执行。2024年，山西省零售市场交易，依据山西省能源局《关于做好 2024 年电力零售交易有关工作的通知》规定执行。

1．价格值

价格值可约定固定值或者浮动值，即价格值=价格固定值或价格浮动值。固定值是指售电公司和零售主体双方协商约定的固定价格；浮动值是指按照事前约定计算逻辑的方式确定价格。

（1）价格固定值约束。

零售套餐中价格固定值区间确定方式按照政府相关文件规定执行。

采用非分时价格套餐的零售主体。价格固定值按照"批发市场中长期交易上限价的基础上上浮 8%、下限不变"确定最高、最低限价。《国家发展改革委关于进一步深化燃煤发电上网电价市场化改革的通知》（发改价格〔2021〕1439 号）规定：批发市场中长期交易价格上下浮动原则上均不超过燃煤发电基准价的 20%。山西省发展改革委《关于合理调整电价结构有关事项的通知》（晋发改商品发〔2017〕641 号）规定：山西省燃煤发电机组标杆上网电价为 0.3320 元/千瓦时（含脱硫 0.015 元、脱硝 0.01 元、除尘 0.002 元）。由此可见，2024 年零售非分时价格套餐中价格固定值的价格区间为 [0.26560，0.43027] 元 / 千瓦时（0.2656=0.3320×0.8、0.43027= 0.3320×1.2×1.08）。

采用分时价格套餐的零售主体。价格固定值按照"在批发市场中长期分时段交易季度逐时段限价范围上限的基础上等额上浮 8%（即每个时段都可以上浮批发市场中长期分时段交易季度逐时段限价范围上限算数平均价的 8%）、下限不变"确定最高、最低限价。

假设 2024 年一季度批发市场中长期分时段交易季度逐时段限价范围上限价算数平均价为 404.09 元/兆瓦时，上限价算数平均值的 8% 为 0.03233 元/千瓦时（0.03233=404.09/1000×0.08），零售市场分时套餐价格固定值限价范围见表 2-1。

表 2-1 　　　　　　零售市场分时套餐价格固定值限价范围表

单位：元/千瓦时

小时	2024 年一季度批发市场中长期分时段交易逐时段限价范围			2024 年一季度零售市场分时套餐价格固定值限价范围	
	参考价	下限价	上限价	下限价	上限价
1	0.24378	0.19378	0.29378	0.19378	0.32611
2	0.24378	0.19378	0.29378	0.19378	0.32611
3	0.21828	0.16828	0.26828	0.16828	0.30061
4	0.21828	0.16828	0.26828	0.16828	0.30061
5	0.25439	0.20351	0.30527	0.20351	0.3376
6	0.25439	0.20351	0.30527	0.20351	0.3376
7	0.45928	0.36742	0.55113	0.36742	0.58346
8	0.45928	0.36742	0.55113	0.36742	0.58346

续表

小时	2024 年一季度批发市场中长期分时段交易逐时段限价范围			2024 年一季度零售市场分时套餐价格固定值限价范围	
	参考价	下限价	上限价	下限价	上限价
9	0.417	0.3336	0.5004	0.3336	0.53273
10	0.417	0.3336	0.5004	0.3336	0.53273
11	0.09562	0.09562	0.14562	0.09562	0.17795
12	0.09562	0.09562	0.14562	0.09562	0.17795
13	0.09562	0.09562	0.14562	0.09562	0.17795
14	0.09562	0.09562	0.14562	0.09562	0.17795
15	0.14022	0.09562	0.19022	0.09562	0.22255
16	0.14022	0.09562	0.19022	0.09562	0.22255
17	0.56398	0.45119	0.67678	0.45119	0.70911
18	0.56398	0.45119	0.67678	0.45119	0.70911
19	0.63744	0.50995	0.76493	0.50995	0.79726
20	0.63744	0.50995	0.76493	0.50995	0.79726
21	0.48435	0.38748	0.58122	0.38748	0.61355
22	0.48435	0.38748	0.58122	0.38748	0.61355
23	0.35486	0.28389	0.42584	0.28389	0.45817
24	0.35486	0.28389	0.42584	0.28389	0.45817
算术平均价	0.3304	0.2655	0.40409	0.2655	0.43642

按照山西省能源局发《关于做好 2024 年电力零售交易有关工作的通知》规定，接入电压等级为 10 千伏的零售主体约定分时价格套餐时，不允许约定价格固定值。

（2）价格浮动值约束。

零售套餐中价格浮动值的类型按照政府相关文件规定执行。零售主体的接入电压等级、套餐分时类型不同时，价格浮动值可约定的类型也不同。

1）接入电压等级为 1 千伏及以下零售主体、电信基站用户：价格浮动值可选择"月度集中竞价各时段出清电价算术平均值""固定价格"。当价格浮动值选择"固定价格"时，固定价格的价格区间与价格固定值的价格区间一致。

2）接入电压等级为 1 千伏以上、10 千伏及以下的零售主体：约定分时价格套餐时，价格浮动值只能选择"月度及各旬集中竞价按日历天数加权出清电价"；约定非分时价格套餐时，价格浮动值可选择"月度集中竞价各时段出清电价算术平均值""固定价格"。当价格浮动值选择"固定价格"时，固定价格的价格区间与价格固定值的价格区间一致。

3）接入电压等级为 35 千伏及以上的零售主体（除国家规定不执行峰谷电价的零售主体外）：价格浮动值可选择"月度及各旬集中竞价按日历天数加权出清电价""月度分时段集中交易（含集中竞价、滚动撮合）按日历天数加权出清电价""月度及各旬分时段集中交易（含集中竞价、滚动撮合）按日历天数加权出清电价"。

4）接入电压等级为 35 千伏以上的电气化铁路牵引用电零售主体：约定非分时价格套餐时，价格浮动值可选择"电网代理购电价格（在按月公开发布价格的基础上，按照四舍五入原则，保留元/兆瓦时的 2 位小数，下同）""月度集中竞价各时段出清电价算术平均值""月度分时段集中交易（含集中竞价、滚动撮合）按日历天数加权出清电价算术平均值""月度及各旬分时段集中交易（含集中竞价、滚动撮合）按日历天数加权出清电价算术平均值"。约定分时价格套餐时，价格浮动值选择规则参照 3）执行。

5）接入电压等级为 10 千伏及以下电气化铁路牵引用电零售主体：价格浮动值选择规则参照 1）、2）执行。

2. 价差值

价差值可约定固定值或者浮动值。固定值是指售电公司和零售市场主体双方协商约定的固定价差；浮动值是指按照事前约定计算逻辑的方式确定价差。当约定浮动值时需同步约定浮动系数，即价差值=价差固定值或（价差浮动值×浮动系数）。按照市场交易规则规定，目前价格值为浮动值的套餐可以配置价差值。

（1）价差固定值约束。

价格值为固定值的套餐暂不允许配置价差固定值。价格浮动值选择的是"固定价格"时，暂不允许配置价差固定值。价格值为浮动值的套餐配置价差固定值时，价差固定值区间上、下限为零售市场上限价与批发市场中长期交易上限价差值的正、负值。

采用非分时价格套餐零售主体。零售市场上限价为 0.43027 元/千瓦时、批发市场中长期交易上限价为 0.3984 元/千瓦时，因此价差固定值约束区间为（−0.03187，0.03187）元/千瓦时。

采用分时价格套餐零售主体。零售市场上限价是在批发市场中长期分时段交易季度逐时段限价范围上限的基础上等额上浮 8%，因此价差固定值约束区间为批发市场中长期分时段交易季度逐时段限价范围上限算数平均价 8%的正、负值。以 2024 年一季度为例，批发市场中长期分时段交易季度逐时段限价范围上限价算数平均值的 8%为 0.03233 元/千瓦时，因此各时段价差固定值约束区间为（−0.03233，0.03233）元/千瓦时。

（2）价差浮动值约束。

目前零售市场交易中暂不应用价差浮动值，待条件成熟后，价差浮动值可选择市场运营费用分摊、返还等各项费用。

3. 偏差电量电价参数约束

售电公司、零售市场主体签订约定电量的套餐时，需约定偏差电量电价。偏差电价参数采用固定价格值，偏差价格参考范围为 0～0.005 元/千瓦时。

2.2.2.2 电量参数

售电公司、零售主体签订约定电量的套餐时，约定的相关参数有零售约定电量、正偏差免考核比例、负偏差免考核比例。电量免考核区间为[约定电量下限值，约定电量上限值]，其中约定电量下限值为零售约定电量×（1−负偏差免考核比例）、约定电量上限值为零售约定电量×（1+正偏差免考核比例）。

按照山西电力市场运行规则规定，售电公司和零售主体约定的零售约定总电量不得超过零售主体变压器合同容量×24×标的月日历天数（允许执行中变更，经双方确认，可在交割月之前协商变更）。

2.2.2.3 其他参数

1. 浮动系数

按照山西电力市场运行规则规定，当售电公司和零售主体约定的零售套餐为组合套餐时，需约定浮动系数，浮动系数包括用户向上承担比例和用户向下承担比例。

用户向上承担比例系数是指当浮动套餐综合电价高于基准套餐综合电价时，用户在基准套餐综合电价基础上承担高出部分综合电价差值的权重系数。

用户向下承担比例系数是指当浮动套餐综合电价低于基准套餐综合电价时，用户在基准套餐综合电价基础上分享低于综合电价差值部分的权重系数。

2. 虚拟电厂用户红利分享系数

按照山西电力市场运行规则规定，虚拟电厂聚合的零售主体需按月与售电公司约定虚拟电厂用户红利分享系数。红利分享系数是指用户由售电公司代理参与虚拟电厂交易时，与售电公司分摊的红利比例。

虚拟电厂用户红利分享系数约束区间为[0，1]。

2.2.3 套餐约定电价计算

按照山西零售套餐设置原则，基础价格套餐的约定电价=价格值+价差值。其中，价格值=价格固定值或价格浮动值；价差值=价差固定值或（价差浮动值×浮动系数）。组合套餐用户最终结算的电能电价不是约定形成，而是通过规则计算得到，按照电价结算规则，组合套餐的结算电价=基准套餐结算电价+组合价格综合结算差价，其中组合价格综合结算差价是根据基准套餐结算电费、浮动套餐结算电费、用户向上承担比例、用户向下承担比例计算得到的电价。

按照《电力零售市场实施细则》规定，当零售主体与售电公司签订带有分时段属性的零售套餐时，零售主体执行的电能电价为其与售电公司约定的分时段电价（组合套餐为根据约定套餐计算的电价）；当零售主体与售电公司签订非分时段属性的零售套餐时，其与售电公司约定的电价仅为平段市场化电量执行的电能电价，尖峰、峰、谷时段的市场化电量执行的电能电价，需在其与售电公司约定电价的基础上按照晋发改商品发〔2021〕479号文件规定的浮动比例执行。本章所讲的约定电价为零售主体与售电公司约定的电能电价的计算原则。

2.2.3.1 "基础+非分时"价格套餐电价

可能约定"基础+非分时"价格套餐的零售主体有：接入电压等级为10千伏及以下的零售主体，电信基站用户，电气化铁路牵引用电零售主体。

电价计算案例：假设2024年1月，月度集中竞价各时段出清电价算术平均值 0.35970 元/千瓦时、电网代理购电价格 0.37368 元/千瓦时、月度分时段集中交易（含集中竞价、滚动撮合）按日历天数加权出清电价算术平均值 0.38479 元/千瓦时、月度及各旬分时段集中交易（含集中竞价、滚动撮合）按日历天数加权出清电价算术平均值 0.32796 元/千瓦时。根据零售主体与售电公司约定套餐计算其约定电价。"基础+非分时"价格套餐约定电价案例见表 2-2。

表 2-2 　　　　　　　　"基础+非分时"价格套餐约定电价案例

单位：元/千瓦时

零售主体	约定参数				计算结果
	用户类型	价格固定值	价格浮动值	价差固定值	约定电价
主体 1	普通 10 千伏及以下	0.39925	不允许配置	不允许配置	0.39925
主体 2	普通 10 千伏及以下	不允许配置	月度集中竞价各时段出清电价算术平均值	0.03	0.38970
主体 3	普通 10 千伏及以下	不允许配置	电量代理购电价格	0	0.37368
主体 4	普通低压	0.43025	不允许配置	不允许配置	0.43025
主体 5	普通低压	不允许配置	电网代理购电价格	−0.01	0.37268
主体 6	电信基站	0.37316	不允许配置	不允许配置	0.37316
主体 7	电信基站	不允许配置	月度集中竞价各时段出清电价	0.02	0.3797
主体 8	电气化铁路	不允许配置	月度集中竞价各时段出清电价算术平均值	0	0.35970
主体 9	电气化铁路 35 千伏及以上	不允许配置	电网代理购电价格	0	0.37368
主体 10	电气化铁路 35 千伏及以上	不允许配置	月度分时段集中交易按日历天数加权出清电价算术平均值	0	0.38479
主体 11	电气化铁路 35 千伏及以上	不允许配置	月度及各旬分时段集中交易按日历天数加权出清电价算术平均值	0	0.32796

续表

零售 主体	约定参数				计算结果
	用户类型	价格固定值	价格浮动值	价差固定值	约定电价
主体 12	电气化铁路	0.39340	不允许配置	不允许配置	0.39340
主体 13	电气化铁路	不允许配置	月度集中竞价各 时段出清电价	0.02	0.3797

2.2.3.2 "基础+分时"价格套餐电价

可能约定"基础+分时"价格套餐的零售主体有：接入电压等级为 10 千伏的中小零售主体和 35 千伏及以上的零售主体。

电价计算案例：假设 2024 年 1 月，月度及各旬集中竞价按日历天数加权出清电价、月度分时段集中交易（含集中竞价、滚动撮合）按日历天数加权出清电价、月度及各旬分时段集中交易（含集中竞价、滚动撮合）按日历天数加权出清电价见表 2-3，根据零售主体与售电公司约定套餐计算其约定电价。

表 2-3 批发市场交易电价表

单位：元/千瓦时

时段	月度及各旬集中竞 价按日历天数加权 出清电价	月度分时段集中交易（含集 中竞价、滚动撮合）按日历 天数加权出清电价	月度及各旬分时段集中交 易（含集中竞价、滚动撮合） 按日历天数加权出清电价
1	0.29378	0.32929	0.29378
2	0.29378	0.32694	0.29378
3	0.26828	0.31803	0.26828
4	0.26828	0.31946	0.26828
5	0.30527	0.32536	0.30527
6	0.30527	0.33185	0.30527
7	0.38742	0.36868	0.36742
8	0.38742	0.37161	0.36742
9	0.3336	0.34219	0.3336
10	0.3336	0.34145	0.3336
11	0.14562	0.24636	0.14562
12	0.14562	0.21652	0.14562

时段	月度及各旬集中竞价按日历天数加权出清电价	月度分时段集中交易（含集中竞价、滚动撮合）按日历天数加权出清电价	月度及各旬分时段集中交易（含集中竞价、滚动撮合）按日历天数加权出清电价
13	0.14562	0.18245	0.14562
14	0.14562	0.18237	0.14562
15	0.19022	0.21073	0.19022
16	0.19022	0.27521	0.19022
17	0.45119	0.45218	0.45119
18	0.45119	0.46585	0.45119
19	0.50995	0.52679	0.50995
20	0.50995	0.52508	0.50995
21	0.38748	0.40137	0.38748
22	0.38748	0.39745	0.38748
23	0.33522	0.3562	0.33000
24	0.32506	0.32817	0.32000

（1）10千伏的中小零售主体。

本案例中，价格值均选择的浮动值。因此约定电价=价格浮动值+价差固定值。因中小板块用户的价格浮动值只能选择"月度及各旬集中竞价按日历天数加权出清电价"，因此约定电价=月度及各旬集中竞价按日历天数加权出清电价+价差固定值。10千伏的中小零售主体约定电价案例见表2-4。

表2-4　　　　　　　10千伏的中小零售主体约定电价案例表

单位：元/千瓦时

零售主体	约定参数					计算结果
	用户类型	时段	价格固定值	价格浮动值	价差固定值	约定电价
主体1	普通/电气化铁路	1	不允许配置	月度及各旬集中竞价按日历天数加权出清电价	0.02	0.31378
		2	不允许配置		0.02	0.31378
		3	不允许配置		0.02	0.28828
		4	不允许配置		0.02	0.28828

零售主体	约定参数						计算结果
	用户类型	时段	价格固定值	价格浮动值	价差固定值		约定电价
主体1	普通/电气化铁路	5	不允许配置	月度及各旬集中竞价按日历天数加权出清电价	0.02		0.32527
		6	不允许配置		0.02		0.32527
		7	不允许配置		0.02		0.40742
		8	不允许配置		0.02		0.40742
		9	不允许配置		0.02		0.3536
		10	不允许配置		0.02		0.3536
		11	不允许配置		0.02		0.16562
		12	不允许配置		0.02		0.16562
		13	不允许配置		0.02		0.16562
		14	不允许配置		0.02		0.16562
		15	不允许配置		0.02		0.21022
		16	不允许配置		0.02		0.21022
		17	不允许配置		0.02		0.47119
		18	不允许配置		0.02		0.47119
		19	不允许配置		0.02		0.52995
		20	不允许配置		0.02		0.52995
		21	不允许配置		0.02		0.40748
		22	不允许配置		0.02		0.40748
		23	不允许配置		0.02		0.35522
		24	不允许配置		0.02		0.34506

（2）35千伏的零售主体。

根据零售主体与售电公司的约定参数，零售主体约定电价可分为两种情况：

约定电价=价格浮动值+价差固定值。

约定电价=价格固定值。

1）价格浮动值选择"月度及各旬集中竞价按日历天数加权出清电价"。约定电价=月度及各旬集中竞价按日历天数加权出清电价+价差固定值。35 千伏的零售主体约定电价案例见表 2-5。

表 2-5　　　　　　　　35 千伏的零售主体约定电价案例表一

单位：元/千瓦时

零售主体	约定参数					计算结果
	用户类型	时段	价格固定值	价格浮动值	价差固定值	约定电价
主体 1	普通/电气化铁路	1	不允许配置	月度及各旬集中竞价按日历天数加权出清电价	0.02	0.31378
		2	不允许配置		0.02	0.31378
		3	不允许配置		0.02	0.28828
		4	不允许配置		0.02	0.28828
		5	不允许配置		0.02	0.32527
		6	不允许配置		0.02	0.32527
		7	不允许配置		0.02	0.40742
		8	不允许配置		0.02	0.40742
		9	不允许配置		0.02	0.3536
		10	不允许配置		0.02	0.3536
		11	不允许配置		0.02	0.16562
		12	不允许配置		0.02	0.16562
		13	不允许配置		0.02	0.16562
		14	不允许配置		0.02	0.16562
		15	不允许配置		0.02	0.21022
		16	不允许配置		0.02	0.21022
		17	不允许配置		0.02	0.47119
		18	不允许配置		0.02	0.47119
		19	不允许配置		0.02	0.52995
		20	不允许配置		0.02	0.52995
		21	不允许配置		0.02	0.40748
		22	不允许配置		0.02	0.40748
		23	不允许配置		0.02	0.35522
		24	不允许配置		0.02	0.34506

2）价格浮动值选择"月度分时段集中交易（含集中竞价、滚动撮合）按日历天数加权出清电价"。约定电价=月度分时段集中交

易（含集中竞价、滚动撮合）按日历天数加权出清电价+价差固定值。35 千伏的零售主体约定电价案例见表 2-6。

表 2-6　　　　　　35 千伏的零售主体约定电价案例表二

单位：元/千瓦时

零售主体	约定参数					计算结果
	用户类型	时段	价格固定值	价格浮动值	价差固定值	约定电价
主体 2	普通/电气化铁路	1	不允许配置	月度分时段集中交易（含集中竞价、滚动撮合）按日历天数加权出清电价	0.02	0.34929
		2	不允许配置		0.02	0.34694
		3	不允许配置		0.02	0.33803
		4	不允许配置		0.02	0.33946
		5	不允许配置		0.02	0.34536
		6	不允许配置		0.02	0.35185
		7	不允许配置		0.02	0.38868
		8	不允许配置		0.02	0.39161
		9	不允许配置		0.02	0.36219
		10	不允许配置		0.02	0.36145
		11	不允许配置		0.02	0.26636
		12	不允许配置		0.02	0.23652
		13	不允许配置		0.02	0.20245
		14	不允许配置		0.02	0.20237
		15	不允许配置		0.02	0.23073
		16	不允许配置		0.02	0.29521
		17	不允许配置		0.02	0.47218
		18	不允许配置		0.02	0.48585
		19	不允许配置		0.02	0.54679
		20	不允许配置		0.02	0.54508
		21	不允许配置		0.02	0.42137
		22	不允许配置		0.02	0.41745
		23	不允许配置		0.02	0.3762
		24	不允许配置		0.02	0.34817

3）价格浮动值选择"月度及各旬分时段集中交易（含集中竞

价、滚动撮合）按日历天数加权出清电价"。约定电价=月度及各旬分时段集中交易（含集中竞价、滚动撮合）按日历天数加权出清电价+价差固定值。35 千伏的零售主体约定电价案例见表 2-7。

表 2-7　　　　　　　35 千伏的零售主体约定电价案例表三

单位：元/千瓦时

零售主体	约定参数					计算结果
	用户类型	时段	价格固定值	价格浮动值	价差固定值	约定电价
主体 3	普通/电气化铁路	1	不允许配置	月度及各旬分时段集中交易（含集中竞价、滚动撮合）按日历天数加权出清电价	0	0.29378
		2	不允许配置		0	0.29378
		3	不允许配置		0	0.26828
		4	不允许配置		0	0.26828
		5	不允许配置		0	0.30527
		6	不允许配置		0	0.30527
		7	不允许配置		0	0.36742
		8	不允许配置		0	0.36742
		9	不允许配置		0	0.3336
		10	不允许配置		0	0.3336
		11	不允许配置		0	0.14562
		12	不允许配置		0	0.14562
		13	不允许配置		0	0.14562
		14	不允许配置		0	0.14562
		15	不允许配置		0	0.19022
		16	不允许配置		0	0.19022
		17	不允许配置		0	0.45119
		18	不允许配置		0	0.45119
		19	不允许配置		0	0.50995
		20	不允许配置		0	0.50995
		21	不允许配置		0	0.38748
		22	不允许配置		0	0.38748
		23	不允许配置		0	0.33000
		24	不允许配置		0	0.32000

4）价格值选择固定值。约定电价=价格固定值。35千伏的零售主体约定电价案例见表2-8。

表 2-8　　　　　　　　35千伏的零售主体约定电价案例表四

单位：元/千瓦时

零售主体	用户类型	时段	价格固定值	价格浮动值	价差固定值	约定电价	下限价	上限价
主体1	普通	1	0.31611	不允许配置	不允许配置	0.31611	0.19378	0.32611
		2	0.31611	不允许配置	不允许配置	0.31611	0.19378	0.32611
		3	0.3005	不允许配置	不允许配置	0.3005	0.16828	0.30061
		4	0.3005	不允许配置	不允许配置	0.3005	0.16828	0.30061
		5	0.3276	不允许配置	不允许配置	0.3276	0.20351	0.3376
		6	0.3276	不允许配置	不允许配置	0.3276	0.20351	0.3376
		7	0.57346	不允许配置	不允许配置	0.57346	0.36742	0.58346
		8	0.57346	不允许配置	不允许配置	0.57346	0.36742	0.58346
		9	0.52273	不允许配置	不允许配置	0.52273	0.3336	0.53273
		10	0.52273	不允许配置	不允许配置	0.52273	0.3336	0.53273
		11	0.16795	不允许配置	不允许配置	0.16795	0.09562	0.17795
		12	0.16795	不允许配置	不允许配置	0.16795	0.09562	0.17795
		13	0.16795	不允许配置	不允许配置	0.16795	0.09562	0.17795
		14	0.16795	不允许配置	不允许配置	0.16795	0.09562	0.17795
		15	0.21255	不允许配置	不允许配置	0.21255	0.09562	0.22255
		16	0.21255	不允许配置	不允许配置	0.21255	0.09562	0.22255
		17	0.69911	不允许配置	不允许配置	0.69911	0.45119	0.70911
		18	0.69911	不允许配置	不允许配置	0.69911	0.45119	0.70911
		19	0.78726	不允许配置	不允许配置	0.78726	0.50995	0.79726
		20	0.78726	不允许配置	不允许配置	0.78726	0.50995	0.79726
		21	0.60355	不允许配置	不允许配置	0.60355	0.38748	0.61355
		22	0.60355	不允许配置	不允许配置	0.60355	0.38748	0.61355
		23	0.44817	不允许配置	不允许配置	0.44817	0.28389	0.45817
		24	0.44817	不允许配置	不允许配置	0.44817	0.28389	0.45817

2.2.3.3 "组合+非分时"价格套餐电价

可能约定"组合+非分时"价格套餐的零售主体有：接入电压

等级为 35 千伏及以上电气化铁路牵引用电零售主体。

（1）组合套餐约定电价计算原则。

零售主体的组合套餐约定电价=基准套餐约定电价+组合价格综合结算差价。基准套餐约定电价参照"基础+非分时"价格套餐的约定电价计算原则，组合价格综合结算差价按照基准套餐电能电费、浮动套餐电能电费、用户向上承担比例、用户向下承担比例计算。

零售主体的月度市场化结算电量不等于 0 的情况下：

1）当 $C_{基准} \geqslant C_{浮动}$ 时，$P_{组合套餐差价}＝（C_{浮动}-C_{基准}）/Q_{市场化} \times K_{向下}$

2）当 $C_{基准} ＜ C_{浮动}$ 时，$P_{组合套餐差价}＝（C_{浮动}-C_{基准}）/Q_{市场化} \times K_{向上}$

$C_{基准}$ 为零售主体基准套餐电能电费、$C_{浮动}$ 为零售主体浮动套餐电能电费、$P_{组合套餐差价}$ 为组合价格综合结算差价、$Q_{市场化}$ 为零售主体月度市场化用电量、$K_{向下}$ 为用户向下承担比例系数、$K_{向上}$ 为用户向上承担比例系数。

（2）结算电价计算案例。"组合+非分时"价格套餐约定电价案例见表 2-9。

表 2-9　　　　　　　"组合+非分时"价格套餐约定电价案例表

单位：元/千瓦时

零售主体	套餐名称	套餐约定电价	向上承担比例	向下承担比例	市场化用电量	电能电费	组合套餐结算差价	组合套餐约定电价
主体 1	基准	0.41000	0.00	1.00	39578	16226.98	-0.03632	0.37368
	浮动	0.37368				14789.51		
主体 2	基准	0.37000	1.00	0.00	12590	4658.30	0.00268	0.37268
	浮动	0.37268				4692.04		

注　0.37368=0.41-0.03632/0.37268=0.37+0.00268。

2.2.3.4　"组合+分时"价格套餐电价

可能约定"组合+分时"价格套餐的零售主体有：接入电压等

级为 35 千伏及以上零售主体。

（1）组合套餐约定电价计算原则。

零售主体的组合套餐约定电价是根据组合套餐电能电费除以月度市场化用电量计算得到。其中，组合套餐电能电费按照基准套餐电能电费、组合价格综合结算差价、零售主体月度市场化用电量计算。组合价格综合结算差价计算原则与"组合+非分时"价格套餐的组合价格综合结算差价原则一致。

$$P_{结算}=C_{电能（组合）}/Q_{市场化}$$

$$C_{电能（组合）}=C_{i\,电能（组合）}+C_{调平（组合）}$$

$$C_{i\,电能（组合）}=C_{i\,电能（基准）}+P_{组合套餐差价}\times Q_{i\,市场化}$$

$$C_{调平（组合）}=\left[\sum C_{i\,电能（组合）}\right]/\left(\sum Q_{i\,市场化}\right)\times Q_{调平}$$

$$Q_{调平}=Q_{市场化}-\sum Q_{i\,市场化}$$

$$P_{i\,结算}=C_{i\,电能（组合）}/Q_{i\,市场化}$$

式中：$P_{结算}$ 为零售主体的组合套餐约定电价、$P_{i\,结算}$ 为零售主体全月 i 时段约定电价。$C_{i\,电能（组合）}$ 为零售主体组合套餐全月 i 时段电能电费（i 时段是指全月每小时）；$C_{i\,电能（基准）}$ 为零售主体基准套餐全月 i 时段电能量电费；$C_{电能（组合）}$ 为零售主体组合套餐电能电费；$C_{调平（组合）}$ 为零售主体组合套餐调平电费。$Q_{i\,市场化}$ 为零售主体全月 i 时段市场化用电量；$Q_{调平}$ 为零售主体月度调平电量。

（2）结算电价计算案例。

案例一：组合套餐综合结算差价为正。"组合+分时"价格套餐约定电价案例见表 2-10。

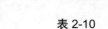

表 2-10　　　　　　"组合+分时"价格套餐约定电价案例表一

单位：元/千瓦时、千瓦时、元

零售主体	套餐名称	时段	基准/浮动约定电价	市场化用电量	基准/浮动电能电费	向上比例	向下比例	组合套餐结算差价	组合套餐电能电费	组合套餐约定电价
主体1	基准	1	0.33197	2550	846.52	1.00	0.00	0.01473	884.08	0.34670
		2	0.33197	2450	813.33				849.42	0.34670
		3	0.30316	2150	651.79				683.46	0.31789
		4	0.30316	2200	666.95				699.36	0.31789
		5	0.34496	2300	793.41				827.29	0.35969
		6	0.34496	2150	741.66				773.33	0.35969
		7	0.56000	2300	1288				1321.88	0.57473
		8	0.56000	2600	1456				1494.3	0.57473
		9	0.56000	3450	1932				1982.82	0.57473
		10	0.56000	9750	5460				5603.62	0.57473
		11	0.16455	17250	2838.49				3092.58	0.17928
		12	0.16455	17900	2945.45				3209.12	0.17928
		13	0.16455	17950	2953.67				3218.07	0.17928
		14	0.16455	17850	2937.22				3200.15	0.17928
		15	0.21495	18200	3912.09				4180.18	0.22968
		16	0.21495	18250	3922.84				4191.66	0.22968
		17	0.58500	19300	11290.5				11574.79	0.59973
		18	0.58500	18900	11056.5				11334.9	0.59973
		19	0.58500	18950	11085.75				11364.88	0.59973
		20	0.58500	18300	10705.5				10975.06	0.59973
		21	0.58500	17400	10179				10435.3	0.59973
		22	0.58500	13750	8043.75				8246.29	0.59973
		23	0.47550	4100	1949.55				2009.94	0.49023
		24	0.47550	2750	1307.63				1348.14	0.49023
		调平	0.39477	43	16.98				17.61	0.40950
		月度	0.39477	252793	99794.58				103518.23	0.40950
	浮动	不分时	0.40950	252793	103518.73				—	—

案例二：组合套餐综合结算差价为负。"组合+分时"价格套餐约定电价案例见表 2-11。

表 2-11　　　　"组合+分时"价格套餐约定电价案例表二

单位：元/千瓦时、千瓦时、元

零售主体	套餐名称	时段	基准/浮动约定电价	市场化用电量	基准/浮动电能电费	向上比例	向下比例	组合套餐结算差价	组合套餐电能电费	组合套餐约定电价
主体2	基准	1	0.33429	42	14.04				12.70	0.30238
		2	0.33429	101	33.76				30.55	0.30248
		3	0.30413	117	35.58				31.86	0.27231
		4	0.30413	90	27.37				24.51	0.27233
		5	0.33619	27	9.08				8.22	0.30444
		6	0.33619	85	28.58				25.88	0.30447
		7	0.48096	76	36.55				34.13	0.44908
		8	0.48096	79	38.00				35.49	0.44924
		9	0.47922	131	62.78				58.61	0.44740
		10	0.47922	264	126.51				118.11	0.44739
		11	0.29990	64	19.19				17.15	0.26797
		12	0.29990	71	21.29				19.03	0.26803
		13	0.17383	116	20.16				16.47	0.14198
		14	0.17383	159	27.64	1.00	0.00	−0.03182	22.58	0.14201
		15	0.30313	186	56.38				50.46	0.27129
		16	0.30313	138	41.83				37.44	0.27130
		17	0.49037	182	89.25				83.46	0.45857
		18	0.53500	123	65.81				61.90	0.50325
		19	0.70443	78	54.95				52.47	0.67269
		20	0.70747	89	62.96				60.13	0.67562
		21	0.55612	137	76.19				71.83	0.52431
		22	0.48037	125	60.05				56.07	0.44856
		23	0.43064	93	40.05				37.09	0.39882
		24	0.43064	83	35.74				33.10	0.39880
		调平	0.40803	610	248.90				229.49	0.37622
		月度	0.40803	3266	1332.64				1228.73	0.37622
	浮动	不分时	0.37268	3266	1217.17				—	—

2.2.4　套餐电能电费计算

按照山西零售套餐电费结算规则，基础价格套餐电费与组合价格套餐电费结算规则略有不同，组合价格套餐中基准套餐、浮动套餐电费结算规则与基础价格套餐结算规则一致。

《电力零售市场实施细则》规定：售电公司的售出电价，按其与零售主体在电力交易平台签订的零售套餐价格结算，因此本章所讲的电能电费为根据零售主体的市场化用电量、零售套餐约定的约定电价（也称零售电价）计算的需给售电公司结算的电能电费。

2.2.4.1 基础价格套餐电能电费

（1）"基础+非分时"价格套餐。

$$C_{电能}=P_{约定}\times Q_{市场化}$$

式中：$C_{电能}$为零售主体电能电费；$P_{约定}$为零售套餐约定电价；$Q_{市场化}$为零售主体月度市场化用电量。

"基础+非分时"价格套餐电能电费案例见表 2-12。

表 2-12 　　　　"基础+非分时"价格套餐电能电费案例表

单位：元/千瓦时、千瓦时、元

零售主体	用户类型	约定电价	市场化电量	电能电费
主体 1	普通（10 千伏及以下）	0.45000	7233	3254.85
主体 2	普通低压	0.38500	7061	2718.49
主体 3	电信基站	0.39000	84678	33024.42
主体 4	电气化铁路	0.42368	30534	12936.65

（2）"基础+分时"价格套餐。

$$C_{电能}=\sum C_{i电能（基础）}+C_{调平}$$

$$C_{i电能（基础）}=P_{i约定}\times Q_{i市场化}$$

$$C_{调平}=P_{调平}\times Q_{调平}$$

$$Q_{调平}=Q_{市场化}-\sum Q_{i市场化}$$

式中：$P_{调平}=\left[\sum C_{i电能(基础)}\right]/\left(\sum Q_{i市场化}\right)$，当零售主体全月 i 时段市场化用电量均为 0 时；$P_{调平}$为分时交易均价。$C_{电能}$为零售主体电能电费；$C_{i\text{电能（基础）}}$ 零售主体基础套餐全月 i 时段电能量电费；$C_{\text{调平}}$ 为零售主体月度调平电费；$P_{i\text{约定}}$ 为零售主体全月 i 时段约定电价；$P_{\text{调平}}$ 为零售主体调平电价；$Q_{i\text{市场化}}$ 为零售主体全月 i 时段市场化用电量（含线、变损电量）；$Q_{\text{调平}}$ 为零售主体月度调平电量；$Q_{\text{市场化}}$ 零售主体月度市场化用电量。

"基础+分时"价格套餐电能电费案例见表 2-13。

表 2-13　　　　　　"基础+分时"价格套餐电能电费案例表

单位：元/千瓦时、千瓦时、元

零售主体	用户类型	时段	约定电价	市场化电量	电能电费
主体 1	10 千伏中小零售主体/35 千伏及以上零售主体	1	290.10	4400	1276.44
		2	290.10	3696	1072.21
		3	262.48	3960	1039.42
		4	262.48	3256	854.63
		5	291.24	2728	794.5
		6	291.24	1584	461.32
		7	411.47	880	362.09
		8	411.47	792	325.88
		9	413.12	1496	618.03
		10	413.12	3168	1308.76
		11	255.92	2728	698.15
		12	255.92	2200	563.02
		13	155.51	1936	301.07
		14	155.51	3960	615.82
		15	251.37	3256	818.46
		16	251.37	5104	1282.99
		17	522.12	5368	2802.74
		18	522.12	6600	3445.99
		19	721.35	5984	4316.56
		20	721.35	4928	3554.81

续表

零售主体	用户类型	时段	约定电价	市场化电量	电能电费
主体1	10千伏中小零售主体/35千伏及以上零售主体	21	614.48	4313	2650.25
		22	614.48	4136	2541.49
		23	370.84	4752	1762.23
		24	370.84	3960	1468.53
		调平	410.11	403	165.27
		月度	410.11	85588	35100.66

2.2.4.2 组合价格套餐电能电费

当零售主体月度市场化用电量为0时，电能电费为0；当零售主体月度市场化用电量不为0时，电能电费按如下原则计算：

（1）基准非分时价格套餐。

$$C_{电能}=P_{约定}\times Q_{市场化}$$

$P_{约定}$为零售主体的约定电价，具体计算方法见本章2.2.3.3。基准非分时价格套餐电能电费案例见表2-14。

表2-14　　　　　　基准非分时价格套餐电能电费案例表

单位：元/千瓦时、千瓦时、元

零售主体	用户类型	市场化电量	基准套餐约定电价	浮动套餐约定电价	基准套餐电能电费	浮动套餐电能电费
主体1	电气化铁路	39228	0.41000	0.36142	16083.48	14177.78
			用户向下承担比例	组合套餐结算差价	组合套餐约定电价	电能电费
			1.0	−0.04858	0.36142	14177.78
主体2	电气化铁路	39228	0.41000	0.36142	16083.48	14177.78
			用户向下承担比例	组合套餐结算差价	组合套餐约定电价	电能电费
			0.8	−0.03886	0.037114	14559.08

（2）基准分时价格套餐。

$$C_{\text{电能（组合）}}=C_{i\,\text{电能（组合）}}+C_{\text{调平（组合）}}$$

$$C_{i\,\text{电能（组合）}}=C_{i\,\text{电能（基准）}}+P_{\text{组合套餐差价}}\times Q_{i\,\text{市场化}}$$

$$C_{\text{调平（组合）}}=\left[\sum C_{i\,\text{电能（组合）}}\right]/\left(\sum Q_{i\,\text{市场化}}\right)\times Q_{\text{调平}}$$

$$Q_{\text{调平}}=Q_{\text{市场化}}-\sum Q_{i\,\text{市场化}}$$

1）"基准分时+浮动非分时"价格套餐。"基准分时+浮动非分时"价格套餐电能电费案例见表 2-15。

表 2-15　　　"基准分时+浮动非分时"价格套餐电能电费案例表

单位：元/千瓦时、千瓦时、元

零售主体	套餐名称	时段	市场化电量	基准/浮动套餐电能电费	用户向上承担比例	组合套餐结算差价	组合套餐电能电费
主体1	基准	1	48878	16226.03	1.00	0.06639	19471.04
		2	51805	17197.71			20637.04
		3	51223	15528.76			18929.45
		4	54660	16570.73			20199.61
		5	54640	18848.61			22476.16
		6	52902	18249.07			21761.23
		7	51623	22845.76			26273.01
		8	52140	23074.56			26536.13
		9	47777	19241.23			22413.15
		10	39270	15815.21			18422.35
		11	36793	6054.29			8496.98
		12	36136	5946.18			8345.25
		13	36918	6074.86			8525.85
		14	39224	6454.31			9058.39
		15	37187	7993.35			10462.19
		16	43844	9424.27			12335.07
		17	57676	31213.67			35042.78
		18	58188	31490.76			35353.86
		19	58285	35575.42			39444.96
		20	61134	37314.36			41373.05
		21	60650	28273.21			32299.76

零售主体	套餐名称	时段	市场化电量	基准/浮动套餐电能电费	用户向上承担比例	组合套餐结算差价	组合套餐电能电费
主体1	基准	22	57468	26789.86			30605.16
		23	53706	21717.63			25283.17
		24	48240	18939.02			22141.67
		小计	1190367	456858.86	1.00	0.06639	535887.31
		调平	1279	490.88			575.79
		月度	1191646	457349.74			536463.10
	浮动	月度	1191646	536467.11			

2）"基准分时+浮动分时"价格套餐。"基准分时+浮动分时"价格套餐电能电费案例见表2-16。

表2-16　　　　　"基准分时+浮动分时"价格套餐电能电费案例表

单位：元/千瓦时、千瓦时、元

零售主体	套餐名称	时段	市场化电量	基准套餐电能电费	浮动套餐电能电费	用户向上承担比例	组合套餐结算差价	组合套餐电能电费
主体2	组合	1	36435	11213.96	11250.40			11769.23
		2	21195	6523.40	6544.59			6846.41
		3	12405	3501.68	3514.09			3690.73
		4	9870	2786.10	2795.97			2936.52
		5	6330	2020.98	2027.31			2117.45
		6	3690	1178.11	1181.80			1234.35
		7	1440	549.24	550.68			571.19
		8	1035	394.77	643.77			410.54
		9	2670	928.09	1508.55	0.80	0.01905	968.78
		10	2160	750.82	1220.40			783.74
		11	6270	1000.82	1028.28			1096.37
		12	9150	1460.52	1500.60			1599.97
		13	12780	2039.94	2095.92			2234.71
		14	18360	2930.62	3011.04			3210.43
		15	13395	2735.53	2866.53			2939.67
		16	12495	2551.73	2673.93			2742.15
		17	6405	2979.54	2889.87			3077.15

零售主体	套餐名称	时段	市场化电量	基准套餐电能电费	浮动套餐电能电费	用户向上承担比例	组合套餐结算差价	组合套餐电能电费
主体2	组合	18	3240	1507.22	1833.84	0.80	0.01905	1556.60
		19	2325	1218.18	1315.95			1253.61
		20	2805	1469.68	1587.63			1512.43
		21	2400	963.55	1358.40			1000.13
		22	1920	770.84	1086.72			800.10
		23	5220	1795.68	2510.82			1875.23
		24	9945	3321.63	3480.75			3473.19
		小计	203940	56592.63	60477.84			59700.68
		调平	−5437	277.50	296.55			−1591.63
		月度	198503	56870.13	60774.39			58109.05

2.2.5 零售套餐偏差电费计算

按照山西省能源局《关于做好 2024 年电力零售交易有关工作的通知》规定，2024 年起，只有接入电压等级为 35 千伏及以上且与售电公司约定"基础+分时"价格套餐的零售主体才能选择"约定电量"零售套餐，当用户市场化用电量超出电量免考核区间时计算偏差电费。偏差电费的计算原则如下。

2.2.5.1 偏差电费计算原则

（1）电量免考核区间。

$$Q_{i约定下限}=Q_{i约定}\times（1-\lambda_{负偏差免除比例}）$$

$$Q_{i约定上限}=Q_{i约定}\times（1+\lambda_{正偏差免除比例}）$$

式中：$Q_{i约定下限}$为 i 时段约定电量下限值；$Q_{i约定上限}$为 i 时段约定电量上限值；$Q_{i约定}$为 i 时段约定电量。$\lambda_{负偏差免除比例}$为套餐约定的负偏差免考核比例；$\lambda_{正偏差免除比例}$为套餐约定的正偏差免考核比例。

（2）偏差电费计算原则。

$$C_{偏差} = \sum C_{i\,偏差}$$

1）当 $Q_{i\,市场化} < Q_{i\,约定下限}$ 时，$C_{i\,偏差} = P_{i\,偏差} \times (Q_{i\,约定下限} - Q_{i\,市场化})$。

2）当 $Q_{i\,约定下限} \leqslant Q_{i\,市场化} \leqslant Q_{i\,约定上限}$ 时，$C_{i\,偏差} = 0$。

3）当 $Q_{i\,市场化} > Q_{i\,约定上限}$ 时，$C_{i\,偏差} = P_{i\,偏差} \times (Q_{i\,实际} - Q_{i\,约定上限})$。

2.2.5.2　偏差电费计算案例

零售套餐偏差电费计算案例见表 2-17。

表 2-17　　　　　　　　　零售套餐偏差电费计算案例表

单位：元/千瓦时、千瓦时、元

零售主体	用户类型	时段	约定电量	正偏差免考核比例	负偏差免考核比例	偏差电价	约定电量上限值	约定电量下限值	市场化电量	偏差电量	偏差电费
主体1	普通35千伏及以上	1	40560	0.02	0.01	0.004	41371	40154	49750	8379	33.52
		2	46860	0.02	0.01		47797	46391	48300	503	2.01
		3	44760	0.02	0.01		45655	44312	45780	125	0.5
		4	43420	0.02	0.01		44288	42986	40320	2666	10.66
		5	46780	0.02	0.01		47716	46312	41580	4732	18.93
		6	45940	0.02	0.01		46859	45481	40320	5161	20.64
		7	47200	0.02	0.01		48144	46728	39480	7248	28.99
		8	43000	0.02	0.01		43860	42570	37800	4770	19.08
		9	38300	0.02	0.01		39066	37917	36330	1587	6.35
		10	35780	0.02	0.01		36496	35422	35910	0	0
		11	38300	0.02	0.01		39066	37917	38430	0	0
		12	39080	0.02	0.01		39862	38689	37170	1519	6.08
		13	42580	0.02	0.01		43432	42154	38430	3724	14.9
		14	43840	0.02	0.01		44717	43402	36960	6442	25.77
		15	42200	0.02	0.01		43044	41778	35700	6078	24.31
		16	41820	0.02	0.01		42656	41402	39480	1922	7.69
		17	43080	0.02	0.01		43942	42649	45570	1628	6.51
		18	47280	0.02	0.01		48226	46807	44310	2497	9.99
		19	44340	0.02	0.01		45227	43897	45570	343	1.37
		20	49300	0.02	0.01		50286	48807	47250	1557	6.23

续表

零售主体	用户类型	时段	约定电量	正偏差免考核比例	负偏差免考核比例	偏差电价	约定电量上限值	约定电量下限值	市场化电量	偏差电量	偏差电费
主体1	普通35千伏及以上	21	48460	0.02	0.01	0.004	49429	47975	50400	971	3.88
		22	43920	0.02	0.01		44798	43481	47040	2242	8.97
		23	43300	0.02	0.01		44166	42867	43680	0	0
		24	45600	0.02	0.01		46512	45144	47250	738	2.95
合计			1045700	0.02	0.01	0.004	1066615	1035242	1012810	64832	259.33

2.3　零售用户执行电价

2.3.1　交易电价

零售用户的交易电价包括电能电价、偏差电价、目录电价。

2.3.1.1　电能电价

零售用户电费结算分为分次结算、同期结算、月度结算和补差结算，根据零售套餐设置原则规定，零售用户在分次结算、同期结算时执行的电能电价为预结算电价；月度结算时执行的电能电价为最终电能结算电价；补差结算时，只涉及电费补差，不涉及电价。

山西省发展改革委《关于完善分时电价机制有关事项的通知》（晋发改商品发〔2021〕479号）文规定：参与市场交易的发、用电企业，在中长期交易合同签订时，应同时申报用电曲线、分时段电量电价，以反映发、用电曲线特性和分时价格差异，市场交易合同未申报用电曲线或形成分时价格差异的，结算时电力用户购电价格按本通知规定的峰谷电价时段划分及浮动比例执行。因此当零售用户与售电公司约定分时价格套餐时，电能电价需执行峰谷电价，峰谷时段划分及浮动比例详见本书2.3.7峰谷电价部分。

（1）预结算电能电价。

1）约定"基础+非分时"价格套餐零售用户。

约定"基础+非分时"价格套餐零售用户在分次结算和同期结算时，执行的平段电能电价为对应零售主体与售电公司约定的零售套餐中的约定电价。即预结算平段电能电价=最终结算电价=约定电价。

预结算电能电价计算案例见表2-18。

表2-18　　　　　　　　　　预结算电价计算案例表一

单位：元/千瓦时

零售用户	用户类型	零售套餐约定电价	预结算电能电价			
			尖峰电价	峰电价	平电价	谷电价
用户1	普通	0.39925	1.226496	0.638800	0.39925	0.179663
用户2	普通低压	0.43025	1.321728	0.688400	0.43025	0.193613
用户3	电信基站	0.37316	1.146348	0.597056	0.37316	0.167922
用户4	电气化铁路	0.3597	1.104998	0.575520	0.3597	0.161865

注　平电价=零售套餐约定电价、峰电价=平电价×1.6、尖峰电价=平电价×1.6×1.2、谷电价=平电价×（1−0.55）。

2）约定"基础+分时"价格套餐零售用户。

按照《电力零售市场实施细则》规定，当零售主体与售电公司约定分时价格套餐时，零售用户的预结算电价采用分时交易均价。分时交易均价通过分时约定电量与对应时段分时约定价格计算得到；若零售主体和售电公司约定了分时电价，但分时约定电量为零或未约定分时电量，则零售用户按照双方约定的分时段电价的算术平均价及月度市场化电量进行预结算。

约定电量套餐，预结算电能电价计算案例见表2-19。

表 2-19   预结算电价计算案例表二

单位：元/千瓦时、千瓦时、元

零售用户	时段	约定电价	未约定电量		约定电量为0		约定电量		
			约定电量	预结算电价	约定电量	预结算电价	约定电量	约定电费	预结算电价
用户1	1	0.26837	—		0		52966	14214.49	
	2	0.26837	—		0		52966	14214.49	
	3	0.24508	—		0		52966	12980.91	
	4	0.24508	—		0		52701	12915.96	
	5	0.27887	—		0		51377	14327.5	
	6	0.27887	—		0		48993	13662.68	
	7	0.50346	—		0		45021	22666.27	
	8	0.50346	—		0		39459	19866.03	
	9	0.45711	—		0		34428	15737.38	
	10	0.45711	—		0		30720	14042.42	
	11	0.13302	—		0		28866	3839.76	
	12	0.13302	—		0		28601	3804.51	
	13	0.13302	—	0.36914	0	0.36914	29661	3945.51	0.39037
	14	0.13302	—		0		32309	4297.74	
	15	0.17377	—		0		37341	6488.75	
	16	0.17377	—		0		43432	7547.18	
	17	0.61824	—		0		49258	30453.27	
	18	0.61824	—		0		53495	33072.75	
	19	0.69876	—		0		56144	39231.18	
	20	0.69876	—		0		57203	39971.17	
	21	0.53095	—		0		56673	30090.53	
	22	0.53095	—		0		54025	28684.57	
	23	0.38901	—		0		50317	19573.82	
	24	0.38901	—		0		46080	17925.58	
	合计	8.85932	—		0		1085002	423554.45	

注　0.36914=8.85932÷24、0.39037=423554.45÷1085002。

3）约定"组合价格套餐"零售用户。

按照《电力零售市场实施细则》规定，当售电公司与零售主体约定组合价格套餐时，零售用户按基准套餐开展预结算。预结算电

价的计算参照 1)、2）执行。

（2）月度结算电能电价。

月度结算时，零售主体电能电价均按照零售套餐的约定电价进行结算。零售主体约定非分时价格套餐时，零售用户按晋发改商品发〔2021〕479 号文规定执行峰谷电价浮动；零售主体约定分时价格套餐时，零售用户按照套餐中约定的 24 小时电价进行结算。

1）零售主体约定"基础+非分时"价格套餐。零售用户平时段月度结算电能电价=零售套餐约定电价=预结算电能电价。峰、谷时段电能电价根据规定进行峰谷浮动。

2）零售主体约定"基础+分时"价格套餐。零售用户月度结算电能电价=零售套餐约定电价。

3）零售主体约定"组合"价格套餐。月度结算电能电价=零售套餐结算电价。

2.3.1.2　偏差电价

因只有选择分时套餐的零售主体可以与售电公司约定电量，且偏差电费结算是按照时段进行结算，但各时段的实际用电量在次月 $M+8$ 日才能确定，不能满足国家电网公司 $M+6$ 日前完成同期电费结算需求，因此零售主体电能偏差电费采用"月度结算+补差结算"结算模式。在月度结算时，偏差电价执行零售主体与售电公司约定的偏差电价。2024 年偏差电价不超过 0.005 元/千瓦时。

2.3.1.3　目录电价

2021 年 11 月代理购电政策正式实施，只有居民生活用电、农业生产用电继续执行目录电价。按照山西省发展改革委《关于山西电网 2020—2022 年输配电价和销售电价有关事项的通知》（晋发改商品发〔2020〕553 号）文规定，居民生活、生产用电电价见表 2-20。

表 2-20   目录电价表

用电分类		电度电价（元/千瓦时）		
		不满 1 千伏	1～10 千伏	35 千伏
居民生活用电		0.4770	0.4670	0.4670
农业生产用电		0.5002	0.4852	0.4702
其中：	深井及高扬程农业排灌用电	0.4402		
	扶持性农业排灌用电	0.3492	0.3392	0.3292
	提黄灌溉用电（万亩以上特定泵站）	0.0700		

注　1.所列价格，除扶持性农业排灌用电外，均含国家重大水利工程建设基金 0.196875 分钱。

　　2.所列价格，除农业生产用电外，均含可再生能源附加 0.1 分钱、大中型水库移民后期扶持资金 0.24 分钱。

　　3.所列价格，除农业排灌用电、提黄灌溉用电外，均含农网还贷资金 2 分钱。

2.3.2　上网环节线损费用折价

上网环节线损费用是用户电费的组成部分，按国家核定的综合线损率及上网电价分月单独计算。

某用户某月上网环节线损电价=某用户某月上网电价×［线损率/（1–线损率）］

某用户某月上网环节线损费用=用户某月上网环节线损电价×该户某月结算的工商业电量（含变损、线损电量）。

其中：直接交易用户上网电价为向用户发行的零售侧上网电价；代理购电用户上网电价为每月发布的代理用户平均上网电价。

原则上计算上网环节线损费用的上网电价应分用户单独确定，若地方政府价格主管部门另有规定，按地方政府规定执行。山西省发展改革委规定：线损电量暂由电网企业代理采购，代理采购损益按月向全体工商业用户分摊或分享。上网环节线损费用折价于每月

27 日,由电网公司通过网上国网 App 和营业厅等线上线下渠道,在《国网山西省电力公司电网代理购电价格表》中单列并进行公布,次月执行。

2.3.3 输配电价

按照国家及山西省关于输配电价的相关规定,山西省执行的输配电价分为输配电量电价和输配容(需)量电价。

2.3.3.1 输配电度电价

2013 年,国家发展改革委首次批复山西输配电量电价,截止到 2023 年开展了三轮输配电价改革。

1. 山西电网2013—2016年分电压等级输配电价

2013 年 9 月 9 日,发改价格〔2013〕2200 号文规定,山西省电力用户与发电企业直接交易试点的电量电价(不含线损)为每千瓦时 0.078 元,其中,110 千伏用户为每千瓦时 0.064 元,220 千伏为每千瓦时 0.05 元。

执行时间:2013 年 9 月 9 日至 2016 年 12 月 31 日。

2. 山西电网2017—2019年分电压等级输配电价

执行时间:2017 年 1 月 1 日至 2020 年 12 月 31 日。输配电价见表 2-21。

3. 山西电网2020—2022年分电压等级输配电价

执行时间:2021 年 1 月 1 日至 2022 年 5 月 31 日。输配电价见表 2-22。

4. 山西电网第三监管周期输配电价

执行时间:2023 年 6 月 1 日起。输配电价见表 2-23。

表 2-21   输配电价表一

用电分类	电度电价（元/千瓦时）				
	不满 1 千伏	1～10 千伏	35 千伏	110 千伏	220 千伏及以上
一般工商业用电	0.2782	0.2582	0.2432		
大工业用电		0.1188	0.0888	0.0688	0.0586

注　1.表中所列价格含增值税、线损及交叉补贴，不含政府性基金及附加。
　　2.参与电力市场交易的电力用户输配电价水平按上表价格执行，并按规定征收政府性基金及附加。政府性基金及附加的具体征收标准以现行目录销售电价表中征收标准为准。其他电力用户继续执行现行目录销售电价政策。
　　3.2017—2019 年国网山西省电力公司综合线损率按 4.59%计算，实际运行中线损率超过 4.59%带来的风险由国网山西省电力公司承担，低于 4.59%带来的收益由电网公司和电力用户各承担 50%。

表 2-22   输配电价表二

用电分类	电度电价（元/千瓦时）				
	不满 1 千伏	1～10 千伏	35 千伏	110 千伏	220 千伏及以上
一般工商业用电	0.1456	0.1256	0.1106		
大工业用电		0.1136	0.0836	0.0586	0.0386

注　1.表中各电价含增值税、线损、交叉补贴及区域电网容量电费，不含政府性基金及附加。
　　2.参与电力市场交易用户输配电价水平执行上表价格，并按规定标准另行征收政府性基金及附加。其他用户执行目录销售电价政策。
　　3.500 千伏"网对网"外送电省外购电用户承担的送出省平均输电价格为每千瓦时不超过 0.0193 元（含税、含线损），最高不超过每千瓦 0.03 元。

表 2-23   输配电价表三

用电分类		电度电价（元/千瓦时）				
		不满 1 千伏	1～10（20）千伏	35 千伏	110 千伏	220 千伏及以上
工商业用电	单一制	0.1456	0.1256	0.1106		
	两部制		0.1040	0.0740	0.0490	0.0290

注　1.表中各电价含增值税、区域电网容量电费、对居民和农业用户的基期交叉补贴，不含政府性基金及附加、上网环节线损费用、抽水蓄能容量电费。
　　2.原包含在输配电价内的上网环节线损费用在输配电价外单列，上网环节综合线损率为 3.52%。
　　3.原包含在输配电价内的抽水蓄能容量电费在输配电价外单列，第三监管周期各年度容量电费分别为 5.57 亿、5.57 亿、5.57 亿元（含税）。
　　4.工商业用户执行上述输配电价表，居民生活、农业生产用电继续执行现行目录销售电价政策。
　　5.110 千伏及以上"网对网"外送电省外购电用户承担的送出省输电价格为不超过每千瓦时 0.0274 元（含税、含线损）。

2.3.3.2 容（需）量电价

1. 2013—2016年期间基本电价

2013 年 9 月 9 日，发改价格〔2013〕2200 号文规定：山西省电力用户与发电企业直接交易试点的基本电价执行山西电网现行销售电价表中大工业用电的基本电价标准。按照山西省物价局《关于调整山西省电网销售电价有关问题的复函》（晋价商字〔2011〕426 号）文规定：选择按最大需量计收基本电费时，基本电价为 37.5 元/（千瓦·月）；选择按变压器容量计收基本电费时，基本电价为 25 元/（千伏安·月）。该电价执行时间 2011 年 12 月 1 日至 2015 年 4 月 19 日。

2015 年 4 月 17 日，山西省物价局《关于降低我省燃煤发电上网电价和工商业用电价格的通知》（晋价商字〔2015〕108 号）文规定：选择按最大需量计收基本电费时，基本电价为 36 元/（千瓦·月）；选择按变压器容量计收基本电费时，基本电价为 24 元/（千伏安·月）。该电价执行时间 2015 年 4 月 20 日至 2016 年 12 月 31 日。

2. 山西电网第一、第二监管周期输配容（需）量电价

2017 年 2 月 27 日，晋发改商品发〔2017〕101 号文规定：明确山西省选择按最大需量计收输配容（需）量电费时，输配容（需）量电价为 36 元/（千瓦·月）；选择按变压器容量计收输配容（需）量电费时，输配容（需）量电价为 24 元/（千伏安·月）。该电价执行时间为 2017 年 1 月 1 日至 2020 年 12 月 31 日。

2021 年 11 月 26 日，晋发改商品发〔2020〕553 号文规定：山西省选择按最大需量计收输配容（需）量电费时，输配容（需）量电价为 36 元/（千伏安·月）；选择按变压器容量计收基本电费时，输配容（需）量电价为 24 元/（千伏安·月）。该电价执行时间为

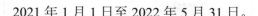

2021 年 1 月 1 日至 2022 年 5 月 31 日。

3. 山西电网第三监管周期容（需）量电价

2023 年 5 月 26 日，晋发改商品发〔2023〕166 号文规定：100 千伏安至 315 千伏安之间的，可选择执行单一制或两部制电价，用户应提前 15 天向电网企业申请选择方式，自提出申请的次月起执行，执行时间不短于 12 个月；315 千伏安及以上的，执行两部制电价，现执行单一电价的用户可继续执行，也可选择执行两部制电价，选择执行两部制电价后不再变更。具体各电压等级执行电价详见表 2-24，该电价执行时间为 2023 年 6 月 1 日起。

表 2-24　　　　　　　　　　输配电价表四

用电分类	容（需）量电价							
	需量电价 [元/（千瓦·月）]				容量电价 [元/（千伏安·月）]			
	1～10(20) 千伏	35 千伏	110 千伏	220 千伏及以上	1～10 (20) 千伏	35 千伏	110 千伏	220 千伏及以上
单一制	—	—	—	—	—	—	—	—
两部制	36.0	36.0	33.6	33.6	22.5	22.5	21.0	21.0

2.3.4　系统运行费用折价

按照国家发展改革委、山西省发展改革委、国家能源局山西监管办相关规定，山西省系统运行电费折价包括抽水蓄能容量电费折价、上网环节线损代理采购损益费用折价、电价交叉补贴新增损益费用折价、趸售电价损益费用折价、辅助服务费用折价、自动发电控制（AGC）辅助服务补偿费用折价、煤电容量电费折价。

2.3.4.1　抽水蓄能容量电费折价

2023 年 5 月 11 日，国家发展改革委《关于抽水蓄能电站容量电价及有关事项的通知》（发改价格〔2023〕533 号）文核定：山西省抽水蓄能电站—西龙池电站，在运装机容量 120 万千瓦，容量电价 463.81 元/千瓦。因此，第三监管周期各年度，国家核定的山西省抽水蓄能容量电费为 1200000×463.81=5.57 亿元（含税）。

每月全省工商业用户应分摊的抽水蓄能容量电费=国家核定的山西省抽水蓄能容量电费/12。

每月抽水蓄能容量电费折价=每月全省工商业用户应分摊的抽水蓄能容量电费/次月预测的工商业用户售电量。

因工商业用户实际售电量与预测售电量偏差造成的抽水蓄能容量电费执行偏差，纳入次月抽水蓄能容量电费折价中分摊或分享。

2.3.4.2　上网环节线损代理采购损益费用折价

每月全省工商业用户应分摊的上网环节线损代理采购损益费用=月度工商业用户实际负担的上网环节线损电费−月度电网企业代理工商业用户采购实际支付的上网环节线损电费。

每月上网环节线损代理采购损益费用折价=每月全省工商业用户应分摊的上网环节线损代理采购损益费用/次月预测的工商业用户售电量。

2.3.4.3　电价交叉补贴新增损益费用折价

每月全省工商业用户应分摊的电价交叉补贴新增损益费用=月度工商业等用户提供的交叉补贴−月度居民农业等用户享受的交叉补贴。

每月电价交叉补贴新增损益费用折价=每月全省工商业用户应分摊的电价交叉补贴新增损益费用/次月预测的工商业用户售电量。

2.3.4.4　煤电容量电费折价

发改价格〔2023〕1501 号文规定：自 2024 年 1 月 1 日起，煤电机组发电价格由现行单一制电价调整为两部制电价，其中电量电价通过市场化形式，容量电价每千瓦每年 100 元，由全体工商业用户按用电量分摊。

每月煤电容量电费折价=每月全省工商业用户应分摊的煤电容量电费/次月预测的工商业用户售电量。

因工商业用户实际售电量与预测售电量偏差造成的煤电容量电费执行偏差，纳入次月煤电容量电费折价中分摊或分享。

按照山西省发展改革委规定：系统运行费用折价中包含的抽水蓄能容量电费折价、上网环节线损代理采购损益费用折价、电价交叉补贴新增损益费用折价、趸售电价损益费用折价、辅助服务费用折价、煤电容量电费折价。以上价格于每月 27 日，由电网公司通过网上国网 App 和营业厅等线上线下渠道，在《国网山西省电力公司电网代理购电价格表》中单列并进行公布，次月执行。

表 2-25 是 2023 年 12 月 28 日，网上国网上公布的 2024 年 1月，国网山西省电力公司代理购电价格表。

表 2-25　　　　　　　　　　代理购电价格表

国网山西省电力公司电网代理购电价格表
（执行时间：2024 年 1 月 1 日至 2024 年 1 月 31 日）

单位：万千瓦时、元/千瓦时

名称	序号	明细	计算关系	数值
电量	1	工商业代理购电量	1=2+3	298403.69
	2	优先发电上网电量	2	143026.82
	3	市场交易采购上网电量	3	155376.87
电价	4	工商业代理购电价格	4=5+6	0.349974
	5	当月平均上网电价	5	0.351216
	6	历史偏差电费折价	6	−0.001242
	7	上网环节线损费用折价	7	0.012814
	8	系统运行费用折价	8=9+10+11+12+13+14	0.026880

续表

名称	序号	明细	计算关系	数值
电价	9	抽水蓄能容量电费折价	9	0.002455
	10	上网环节线损代理采购损益折价	10	0.000390
	11	电价交叉补贴新增损益折价	11	0.008823
	12	逛售电价损益折价	12	0.000938
	13	煤电容量电费折价	13	0.014274
	14	辅助服务费用折价	14	

注 1.直接参与市场交易的用户,按照与电网企业代理购电用户相同的标准承担上网环节线损费用、系统运行费用。

2.企业自备电厂(余热、余气、余压自备电厂除外)自发自用电量按照与电网企业代理购电用户相同的标准承担系统运行费用。

2.3.4.5 自动发电控制(AGC)辅助服务补偿费用度电价格

每月全省工商业用户应分摊的自动发电控制(AGC)辅助服务补偿费用=发生月的实际自动发电控制(AGC)辅助服务补偿费用+滚动结算的偏差费用。发生月是执行月的前两个月,例如12月AGC折价对应的发生月是10月。滚动结算的偏差费用是指实际应补偿的AGC费用与向用户回收的费用之间的差值。

自动发电控制(AGC)辅助服务补偿费用折价=每月全省工商业用户应分摊的自动发电控制(AGC)辅助服务补偿费用/次月预测的工商业用户售电量。

按照国家能源局山西监管办公室、山西省能源局晋监能市场〔2021〕187号等相关文件规定:每月25日前,国网山西省电力公司向国家能源局山西监管办公室、山西省能源局报备次月用电侧自动发电控制(AGC)辅助服务补偿费用执行标准后,通过交易平台、网上国网App、95598网站、供电营业厅等发布渠道对自动发电控制(AGC)辅助服务补偿费用价格进行公告,并于次月执行。

表2-26是2023年12月25日,网上国网上公布的2024年1

月，国网山西省电力公司自动发电控制（AGC）辅助服务补偿费用价格表。

表 2-26　　　　　　　　　　AGC 价格表

国网山西省电力公司自动发电控制（AGC）辅助服务补偿费用价格表
（执行时间：2024 年 1 月 1 日至 2024 年 1 月 31 日）

单位：万千瓦时、万元、元/千瓦时

序号	名称	自动发电控制（AGC）辅助服务补偿费用	计算关系
1	电量	1561871.8800	1
2	电费	2366.327544	2
3	电价	0.001515	3=2/1

注　1.根据国家能源局山西监管办公室、山西省能源局《关于强化市场监管有效发挥市场机制作用促进全省今冬明春电力供应保障的通知》（晋监能市场〔2021〕187 号）、《山西能源监管办关于修订电力调频辅助服务市场有关规则条款的通知》（晋监能市场规〔2022〕2 号）要求，对自动发电控制（AGC）辅助服务补偿费用向用户侧进行分摊。
　　2.直接参与市场交易用户、电网企业代理购电用户按照相同的标准分摊自动发电控制（AGC）辅助服务补偿费用。
　　3.电费为用户侧应分摊的自动发电控制（AGC）辅助服务补偿费用，电量为执行月工商业用户（含直接参与市场交易用户、电网企业代理购电用户）预测电量。

2.3.5　政府性基金及附加

政府性基金及附加包括国家重大水利工程建设基金、可再生能源电价附加、大中型水库移民后期扶持资金、农网还贷资金。

2.3.5.1　国家重大水利工程建设基金

2009 年 12 月 31 日，财政部、国家发展改革委《关于国家重大水利工程建设基金征收使用管理暂行》（财综〔2009〕90 号）文规定：重大水利基金在除西藏自治区以外的全国范围内筹集，按照各省、自治区、直辖市扣除国家扶贫开发工作重点县农业排灌用电后的全部销售电量和规定征收标准计征。自 2010 年 1 月 1 日起，山西省重大水利基金征收标准为 7 厘/千瓦时。

2017 年 6 月 14 日，财政部《关于降低国家重大水利工程建设基金和大中型水库移民后期扶持基金征收标准的通知》（财税〔2017〕51 号）文规定：将国家重大水利工程建设基金和大中型水库移民后期扶持基金的征收标准统一降低 25%，本通知自 2017 年 7 月 1 日起施行。2017 年 7 月 21 日，山西省发展改革委《关于合理调整电价结构有关事项的通知》（晋发改商品发〔2017〕641 号）文规定：2017 年 7 月 1 日起，取消工业企业结构调整专项资金，降低国家重大水利工程建设基金和大中型水库移民后期扶持基金征收标准 25%，降低后的国家重大水利工程建设基金标准为 0.52 分钱/千瓦时。自 2017 年 7 月 1 日起，山西省重大水利基金征收标准由 7 厘/千瓦时调整为 0.52 分/千瓦时。

2018 年 7 月 19 日，国家发展改革委《关于利用扩大跨省区电力交易规模等措施降低一般工商业电价有关事项的通知》（发改价格〔2018〕1053 号）文规定：将扩大跨省区电力交易规模、国家重大水利工程建设基金征收标准降低 25%，以上规定自 2018 年 7 月 1 日起执行。2018 年 9 月 20 日，山西发展改革委《关于降低一般工商业用电价格及有关事项的通知》（晋发改商品发〔2018〕612 号）文规定：降低国家重大水利工程建设基金征收标准 25%，降低后的基金标准为 0.39 分钱/千瓦时，以上电价调整自 2018 年 7 月 1 日起执行。自 2018 年 7 月 1 日起，山西省重大水利基金征收标准由 0.52 分钱/千瓦时调整为 0.39 分/千瓦时。

2019 年 4 月 22 日，财政部《关于调整政府性基金有关政策的通知》（财税〔2019〕46 号）文规定：自 2019 年 7 月 1 日起，将国家重大水利工程建设基金征收标准降低 50%，国家重大水利工程建设基金征收至 2025 年 12 月 31 日。2019 年 5 月 15 日，山西省发展改革委《关于降低我省一般工商业用电价格及有关事项的通知》（晋发改商品发〔2019〕261 号）文规定：降低国家重大水利工程建设基金征收标准 50%，降低后的基金标准为 0.195 分钱/千瓦时，以上电价调整自 2019 年 7 月 1 日起执行。因此自 2019 年 7 月 1 日起，山西省重大水利基金征收标准由 0.39 分/千瓦时调整为 0.195 分/千瓦时。

晋发改商品发〔2020〕553 号文规定：国家重大水利工程建设基金标准按照财政部《关于调整政府性基金有关政策的通知》（财税〔2019〕46 号）规定执行，执行标准为 0.196875 分钱/千瓦时。自 2021 年 1 月 1 日起，山西省重大水利基金征收标准由 0.195 分/千瓦时调整为 0.196875 分/千瓦时。

按照政府相关文件规定，目前除农业排灌用电、趸售用电不执行国家重大水利工程建设基金，其余用电继续征收，征收标准 0.196875 分钱/千瓦时。

2.3.5.2 可再生能源电价附加

2011 年 11 月 29 日，财政部、国家发展改革委、能源局《关于印发〈可再生能源发展基金征收使用管理暂行办法〉的通知》（财综〔2011〕115 号）文规定：山西省可再生能源电价附加征收标准为 8 厘/千瓦时。自 2011 年 12 月 1 日起，山西省可再生能源电价附加征收标准为 8 厘/千瓦时，居民生活用电征收标准为 0.1 分钱/千瓦时。

2013 年 8 月 25 日，国家发展改革委《关于调整可再生能源电价附加标准与环保电价有关事项的通知》（发改价格〔2013〕165 号）文规定：将向居民生活和农业生产以外的其他用电征收的可再生能源电价附加征收标准由每千瓦时 0.8 分钱提高至 1.5 分钱，价格调整自 2013 年 9 月 25 日起执行。自 2013 年 9 月 25 日起，山西省向居民生活和农业生产以外的其他用电征收可再生能源电价附加征收标准由 8 厘/千瓦时调整为 1.5 分钱/千瓦时,居民生活用电征收标准为 0.1 分钱/千瓦时。

2015 年 12 月 27 日,国家发展改革委《关于降低燃煤发电上网电价和一般工商业用电价格的通知》(发改价格〔2015〕3105 号)文规定:将居民生活和农业生产以外的其他用电征收的可再生能源电价附加征收标准,提高到每千瓦时 1.9 分钱,价格调整自 2016 年 1 月 1 日起执行。自 2016 年 1 月 1 日起,山西省向居民生活和农业生产以外的其他用电征收可再生能源电价附加征收标准由 1.5 分钱/千瓦时调整为 1.9 分钱/千瓦时,居民生活用电征收标准为 0.1 分钱/千瓦时。

按照政府相关文件规定,目前除农业生产用电、趸售用电、企业自备电厂自发自用电量不执行可再生能源电价附加,其余用电继续征收,征收标准为居民生活和农业生产以外的其他用电征收可再生能源电价附加征收标准为 1.9 分钱/千瓦时,居民生活用电征收标准为 0.1 分钱/千瓦时。

2.3.5.3 大中型水库移民后期扶持资金

2006 年 5 月 17 日,国务院《关于完善大中型水库移民后期扶持政策的意见》(国发〔2006〕17 号)文规定:为了减轻中西部地区的负担,移民人数少的河北、山西、内蒙古、吉林、黑龙江、贵州、云南、西藏、甘肃、青海、宁夏、新疆 12 个省(区)的电价标准根据本省(区)的移民人数一次核定,原则上不再调整。2006 年 7 月 14 日,财政部《关于印发大中型水库移民后期扶持基金征收使用管理暂行办法》(财综〔2006〕29 号)文规定:后期扶持基金的筹集渠道之一是对省级电网企业在本省(区、市)区域内扣除农业生产用电后的全部销售电量加价征收，山西省征收为 0.32 分钱/千瓦时。自 2006 年 7 月 1 日起，山西省大中型水库移民后期扶持资金征收标准为 0.32 分钱/千瓦时。

2017 年 6 月 14 日，财政部《关于降低国家重大水利工程建设基金和大中型水库移民后期扶持基金征收标准的通知》（财税〔2017〕51 号）文规定：将国家重大水利工程建设基金和大中型水库移民后期扶持基金的征收标准统一降低 25%，本通知自 2017 年 7 月 1 日起施行。2017 年 7 月 21 日，山西省发展改革委《关于合理调整电价结构有关事项的通知》（晋发改商品发〔2017〕641 号）文规定：2017 年 7 月 1 日起，取消工业企业结构调整专项资金，降低国家重大水利工程建设基金和大中型水库移民后期扶持基金征收标准 25%，降低后的大中型水库移民后期扶持基金征收标准为 0.24 分钱/千瓦时。自 2017 年 7 月 1 日起，山西省大中型水库移民后期扶持资金征收标准由 0.32 分钱/千瓦时调整为 0.24 分钱/千瓦时。

按照政府相关文件规定，目前除农业生产用电、趸售用电、企业自备电厂自发自用电量不执行大中型水库移民后期扶持资金，其余用电继续征收，征收标准为 0.24 分钱/千瓦时。

2.3.5.4 农网还贷资金

2001 年 12 月 17 日，财政部《关于印发农网还贷资金征收使用管理办法的通知》（财企〔2001〕820 号）文规定：农网还贷资金按社会用电量每千瓦时 2 分钱标准，并入电价收取。本办法执行时间暂定 5 年，即从 2001 年 1 月 1 日至 2005 年 12 月 31 日。自 2001 年 1 月 1 日起，山西省农网还贷资金征收标准为 2 分钱/千瓦时，2005 年 12 月 31 日截止。

2006 年 1 月 4 日，财政部《关于处理 18 项到期政府性基金政策有关事项的通知》(财综函〔2006〕1 号)文规定：农网还贷资金原有政策执行期限延续至 2006 年底。自 2006 年 1 月 1 日起，山西省农网还贷资金征收标准继续维持 2 分钱/千瓦时，2006 年 12 月 31 日截止。

2007 年 1 月 8 日，财政部《关于延续农网还贷资金等 17 项政府性基金政策问题的通知》(财综〔2007〕3 号)文规定：经国务院批准，2006 年底执行到期的农网还贷资金，继续予以保留。自 2007 年 1 月 1 日起，山西省农网还贷资金征收标准继续维持 2 分钱/千瓦时，一直延续至今。

按照政府相关文件规定，目前除农业排灌用电、趸售用电、提黄灌溉用电、企业自备电厂自发自用电量不执行农网还贷资金，其余用电继续征收，征收标准为 2 分钱/千瓦时。

2.3.6　力调系数

2.3.6.1　功率因数执行范围及标准

变压器容量达到 100 千伏安及以上的工业用户、非工业用户、农业用户应执行功率因数调整电费，用电类别为居民生活用电的学校、居民住宅小区公用附属设施、社会福利场所生活用电、宗教场所生活用电、城乡社区居委会服务设施用电等，不参与功率因数调整。原则上功率因数执行标准按照用户行业性质判断。

1. 工业用户执行标准

工业用户(含其他工业用户)是指现行销售电价分类结构—国家发展改革委《关于调整销售电价分类结构有关问题的通知》(发改价格〔2013〕973 号)中，工商业用电类别所包含的大工业用电以及原普通工业用电。容量在 100 千伏安及以上的，应执行 0.85 功率因数标准；容量在 160 千伏安的，应执行 0.90 功率因数标准。

2. 非工业用户执行标准

非工业用户是指工商业用电类别所包含的原非居民照明、非工业、商业用电。容量在 100 千伏安及以上的，应执行 0.85 功率因数标准。

3. 农业用户执行标准

农业用户是指农业生产用电类别所包含的农、林、牧、渔业，为农业生产服务的灌溉及排涝用电，以及农产品初加工用电。容量在 100 千伏安及以上的，应执行 0.80 功率因数标准。

4. 趸售用户执行标准

趸售用户，应执行 0.80 功率因数标准，但大工业用户未划由电业直接管理的趸售用户，应执行 0.85 功率因数标准。

2.3.6.2 功率因数调整系数

1. 以 0.90 为标准值的功率因数调整电费表

功率因数调整见表 2-27。

表 2-27 功率因数调整表一

减收电费		增收电费			
实际功率因数	月电费减少（%）	实际功率因数	月电费增加（%）	实际功率因数	月电费增加（%）
0.90	0.00	0.89	0.5	0.75	7.5
0.91	0.15	0.88	1.0	0.74	8.0
0.92	0.30	0.87	1.5	0.73	8.5
0.93	0.45	0.86	2.0	0.72	9.0
0.94	0.60	0.85	2.5	0.71	9.5
0.95～1.00	0.75	0.84	3.0	0.70	10.0
		0.83	3.5	0.69	11.0
		0.82	4.0	0.68	12.0
		0.81	4.5	0.67	13.0
		0.80	5.0	0.66	14.0
		0.79	5.5	0.65	15.0

续表

减收电费		增收电费			
实际功率因数	月电费减少（%）	实际功率因数	月电费增加（%）	实际功率因数	月电费增加（%）
0.95～1.00	0.75	0.78	6.0	功率因数自 0.64 及以下，每降低 0.01 电费增加 2%	
		0.77	6.5		
		0.76	7.0		

2. 以0.85为标准值的功率因数调整电费表

功率因数调整见表2-28。

表 2-28 功率因数调整表二

减收电费		增收电费			
实际功率因数	月电费减少（%）	实际功率因数	月电费增加（%）	实际功率因数	月电费增加（%）
0.85	0.0	0.84	0.5	0.70	7.5
0.86	0.1	0.83	1.0	0.69	8.0
0.87	0.2	0.82	1.5	0.68	8.5
0.88	0.3	0.81	2.0	0.67	9.0
0.89	0.4	0.80	2.5	0.66	9.5
0.90	0.5	0.79	3.0	0.65	10.0
0.91	0.65	0.78	3.5	0.64	11.0
0.92	0.80	0.77	4.0	0.63	12.0
0.93	0.95	0.76	4.5	0.62	13.0
0.94～1.00	1.10	0.75	5.0	0.61	14.0
		0.74	5.5	0.60	15.0
		0.73	6.0	功率因数自 0.59 及以下，每降低 0.01 电费增加 2%	
		0.72	6.5		
		0.71	7.0		

3. 以0.80为标准值的功率因数调整电费表

功率因数调整见表2-29。

表 2-29 功率因数调整表三

减收电费		增收电费			
实际功率因数	月电费减少（%）	实际功率因数	月电费增加（%）	实际功率因数	月电费增加（%）
0.80	0.0	0.79	0.5	0.65	7.5
0.81	0.1	0.78	1.0	0.64	8.0
0.82	0.2	0.77	1.5	0.63	8.5
0.83	0.3	0.76	2.0	0.62	9.0
0.84	0.4	0.75	2.5	0.61	9.5
0.85	0.5	0.74	3.0	0.60	10.0
0.86	0.6	0.73	3.5	0.59	11.0
0.87	0.7	0.72	4.0	0.58	12.0
0.88	0.8	0.71	4.5	0.57	13.0
0.89	0.9	0.70	5.0	0.56	14.0
0.90	1.0	0.69	5.5	0.55	15.0
0.91	1.15	0.68	6.0	功率因数自 0.54 及以下，每降低 0.01 电费增加 2%	
0.92～1.00	1.3	0.67	6.5		
		0.66	7.0		

2.3.7 峰谷电价

2.3.7.1 市场化用户峰谷电价

1. 峰谷电价执行范围

山西省能源局《山西省电力市场规则汇编》——《电力零售市场实施细则》规定：零售主体若与签约的售电公司在电力交易平台未签订带有分时段属性的零售套餐，对应零售用户在结算时，购电价格需在约定价格的基础上按山西省发展改革委《关于完善分时电价有关事项的通知》（晋发改商品发〔2021〕479 号）文件规定的峰谷时段划分及浮动比例执行。

2024 年可以与售电公司约定的非分时段属性的零售主体有：接

入电压等级 10 千伏及以下的零售主体和电气化铁路牵引用电零售主体。晋发改商品发〔2021〕479 号文件规定峰谷电价执行范围为，除国家有专门规定的电气化铁路牵引用电外的执行工商业电价的电力用户。

综上所述，当接入电压等级 10 千伏及以下的零售主体与售电公司签约非分时段属性套餐时，需执行峰谷时段划分及浮动比例。电气化铁路牵引用电零售主体即使与售电公司签约非分时段属性套餐，也不执行峰谷时段划分及浮动比例。

2. 峰谷时段划分

按照晋发改商品发〔2021〕479 号文件规定，自 2022 年 1 月 1 日起，山西省执行新峰谷时段划分规则。

（1）一般工商业用户。

高峰时段：08:00—11:00、17:00—23:00；

低谷时段：00:00—07:00、11:00—13:00；

平时段：07:00—08:00、13:00—17:00、23:00—24:00。

（2）大工业用户。

每年冬、夏两季对大工业电力用户实施尖峰电价政策，其中，1、7、8、12 月 18:00—20:00 为尖峰时段。

尖峰时段：18:00—20:00；

高峰时段：08:00—11:00、17:00—18:00、20:00—23:00；

低谷时段：00:00—07:00、11:00—13:00；

平时段：07:00—08:00、13:00—17:00、23:00—24:00。

3. 峰谷电价标准

2022 年 1 月 1 日起，山西省峰谷价差调整为 3.6：1。即高峰时段电价在平段电价的基础上上浮 60%，低谷时段电价在平段电价的基础上下浮 55%，尖峰时段电价在高峰时段电价基础上上浮 20%。

2.3.7.2　居民用电峰谷电价

居民用电峰谷电价执行山西省物价局《关于居民用电试行峰谷分时电价政策的通知》（晋价商字〔2015〕357 号）文件规定。

1.　峰谷电价执行范围

居民用电峰谷分时电价实施范围和条件：

（1）电网企业营业区内能够直接抄表到户的居民用户（不含多户居民公用一块电表计量的用户）。

（2）执行居民电价的非居民用户。

（3）执行居民电价的城乡居民住宅小区公共附属设施用电及电动汽车充换电设施用电。

上述用户均可自愿选择实行峰谷分时电价政策。选择执行峰谷分时电价的用户可向当地电网企业申请，由电网企业免费安装峰谷分时电能表，执行时间以年为周期，且不得少于一年。

2.　峰谷时段划分

高峰时段：08:00—22:00；低谷时段：22:00—次日 08:00。

3.　峰谷电价标准

（1）执行阶梯电价的居民用户：用电电压等级为不满 1 千伏的，第一档高峰时段电价为每千瓦时（下同）0.507 元、谷段时段电价 0.2862 元；其他用电电压等级的，第一档高峰时段电价为每千瓦时 0.497 元、低谷时段电价 0.2802 元。第二、三档峰、谷电价分别在第一档电价基础上加价 0.05、0.30 元。按照山西省物价局《关于对我省居民生活用电试行阶梯电价的通知》（晋价商字〔2012〕186 号）文规定，执行居民阶梯电价执行范围为山西省电力公司及山西地方电力有限公司供电区域内直接抄表的"一户一表"城乡居民用户和具备条件的合表居民用户。

（2）执行居民电价的非居民用户：用电电压等级为不满 1 千伏的，高峰时段电价为每千瓦时 0.517 元、低谷时段电价 0.2922 元；其他用电电压等级的，高峰时段电价为每千瓦时 0.507 元、低谷时段电价 0.2862 元。

（3）电网企业营业区内能够直接抄表到户的居民用户安装电动汽车充换电设施用电未分表计量的，统一执行合表用户电价标准；生活用电与电动汽车充换电设施用电分表计量的，生活用电执行阶梯电价标准，电动汽车充换设施用电执行合表用户电价标准。

（4）电采暖居民用户生活用电与采暖用电实行分表计量的，其生活用电执行居民阶梯电价，采暖用电按照合表用户电价执行；生活用电与采暖用电未实行分表计量的，每年采暖期用电按照合表用户电价执行，其他月份执行居民阶梯电价。

2.4 零售用户电量计量

2.4.1 电能计量装置

《供电营业规则》规定：供电企业应在用户每个受电点内按不同电价类别分别安装用电计量装置。每个受电点作为用户的一个计费单位。用户为满足内部核算的需要，可自行在其内部装设考核能耗用的电能表，但该表所示读数不得作为供电企业计费依据。

山西省能源局《山西省电力市场规则汇编》——《电力市场计量管理实施细则》规定：Ⅰ、Ⅱ类电力用户和Ⅲ类重要电力用户的关口计量点，原则上应安装同型号、同规格、同精度的主副电能表各一套，主副表应有明确标志。以主表计量数据作为结算数据，副表计量数据作为参照。当确认主表故障后，副表计量数据替代主表计量数据作为电量结算数据。其他电力用户关口计量点至少安装一具符合技术要求的电能计量装置。

2.4.2　计量数据异常处理

电能计量装置是电能量计量数据的唯一来源。市场结算用的关口计量数据，原则上应由电能计量采集管理信息系统自动采集。自动采集数据不完整时，由电能计量采集管理信息系统根据拟合规则补全。

对于参与电力市场交易的用户，截至 $D+3$ 日电能计量采集管理信息系统仍无法采集到其电表数据，则由电能计量采集管理信息系统对需提供电量进行拟合后用于市场化结算，拟合规则如下：

（1）当某关口计量点示值曲线采集异常或失败点数小于等于 2 个时，按该计量点异常或失败区间前后时间点的电能示值算术平均值进行拟合。

（2）当某关口计量点示值曲线采集异常或失败点数大于 2 个且小于 3 天（自然天）时，根据恢复正常采集后第一点电能示值，按该计量点最近 7 个运行日的示值曲线平均值对异常或失败部分进行拟合。若期间该计量点属性发生变更，则根据上述规则对变更前后的示值曲线分别进行拟合。

（3）当某关口计量点示值曲线采集异常或失败超过 3 天（自然天）时，进行示值追溯。恢复正常采集后的第一点电量"划零"处理。

（4）电能计量采集管理信息系统同时采集换表当日新、旧两只

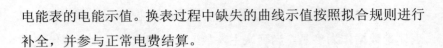

电能表的电能示值。换表过程中缺失的曲线示值按照拟合规则进行补全，并参与正常电费结算。

2.4.3 电量计算

2.4.3.1 电量类型

零售主体结算的电量包括市场化电量、非市场化电量。市场化电量是指参与电力市场交易的工商业用电量，非市场化电量是指居民生活、农业生产用电量。从电量计量时段分类上，市场化电量包括 96 点分时电量、24 小时分时电量、月度电量、调平电量。

1. 96 点分时电量

山西电力市场开展现货交易后，批发市场交易以 15 分钟为一个计量、清分及结算时段。虽然零售主体不直接参与批发市场交易，但代理其的售电公司需参与批发市场交易，而售电公司交易的实际用电量是售电公司代理零售主体的实际用电量的累加值，因此零售主体在计量时也需以 15 分钟为一个计量时段，即每 15 分钟采集电能表示数，并按照倍率及相关规则计算 15 分钟的电量，以 15 分钟计量的电量称为 96 点分时电量。

2. 24 小时分时电量

零售市场交易时，选择分时价格套餐的零售主体，以月小时为一个计量、清分及结算时段。电量结算过程中，月小时电量不是通过采集示数及电能表倍率计算得到，而是通过归集 96 点分时电量得到（每 4 个时点归集成 1 小时电量），称为 24 小时分时电量（简称分时电量）。

3. 月度电量

无论是批发市场结算售电公司售出电量，还是零售市场结算零售用户实际用电量，均需计量、结算用户上月 1 日 0 点至月末 24 点期间的实际用电量，即月度电量。月度电量通过电能表的采集示数及倍率等信息根据相关规则计算得到。

4．调平电量

调平电量是月度电量与 24 小时分时电量之间的差值。调平电量包含变损电量、线损电量等无法按日计算的电量以及按照市场化电量计算规则需计入调平电量的电量，因此理论上的调平电量值应该不大。

5．损耗电量

损耗电量包括变损电量和线损电量。《供电营业规则》规定用电计量装置原则上应装在供电设施的产权分界处。当用电计量装置不安装在产权分界处时，线路与变压器损耗的有功与无功电量均须由产权所有者负担。即电能计量装置不在产权分界点安装时，用户结算的市场化电量中包含变损电量和线损电量，统称损耗电量。

2.4.3.2　电量计算

用户结算的 96 点分时电量根据电能表采集的示数或按照规则拟合的示数以及电能表倍率等信息计算；月度电量根据电能表采集的示数以及电能表倍率等信息计算。当一级计量点为工商业计量点，且存在二级计量点时，一级计量点结算的电量需根据扣减规则对电量进行核减。

1．96 点分时电量计算

（1）从二级计量点计量方式看：

二级计量点采用装表方式的，一级计量点各时段需扣减的电量=二级计量点各时段计量的实抄电量。

二级计量点采用定比方式的，一级计量点各时段需扣减的电量=

（一级计量点各时段抄见电量–二级计量点各时段计量的实抄电量）×定比值。

二级计量点采用定量方式的，一级计量点各时段需扣减的电量=月度定量电量/（核算周期实际天数×96）。

当用户二级计量点计量方式同时存在有实抄、定比、定量时，各类电量扣减顺序为实抄电量、定比电量、定量电量。

当用户二级实抄计量点下既有被转供电量又有实抄电量时，电量扣减顺序是被转供电量、实抄电量。

（2）从二级计量点用户类型看：

工商业计量点内有居民生活用电、农业生产用电的，先核减农业生产用电。

（3）特殊电量处理

变损电量、线损电量是按照月度计算，因此 96 点分时电量不包含变、线损电量。

2. 月度电量计算

当零售用户按照晋发改商品发〔2021〕479 号文规定不执行峰谷电价，月度电量计算时不计算峰谷电价，一级计量点结算的月度电量为从总电量中扣减了二级计量点电量的电量。

当零售用户按照晋发改商品发〔2021〕479 号文规定执行峰谷时段划分及浮动比例，月度电量计算时执行峰谷时段划分及浮动比例，一级计量点结算的电量为从各时段总电量中扣减了二级计量点电量的电量。

（1）一级计量点为工商业（大工业）计量点，二级计量点内有居民生活、农业生产用电的：核减居民生活顺序依次为尖峰时段、高峰时段、平时段、低谷时段；核减农业生产用电按总表尖峰时段、高峰时段、平时段、低谷时段电量占总电量比例分摊分表电量，分别核减。

（2）一级计量点为工商业（一般工商业）计量点，二级计量点内有居民生活、农业生产用电的：核减居民生活顺序依次为平时段、高峰时段、低谷时段；核减农业生产用电按总表平时段、高峰时段、低谷时段电量占总电量比例分摊分表电量，分别核减。

（3）一级计量点为工商业（大工业）计量点，二级计量点内有工商业（一般工商业）用电的：二级计量点采用定量方式的，电量核减顺序依次为高峰时段、平时段、低谷时段；二级计量点采用定比方式的，按比例值核减顺序依次为尖峰时段、高峰时段、平时段、低谷时段；级计量点采用装表方式的，工商业（一般工商业）计量点分时（峰谷）时段应与工商业（大工业）计量点一致，并对应核减。

（4）当二级计量点内既有居民生活用电，又有农业生产用电的，先核减农业生产用电。

（5）当二级计量点内的居民生活用电执行峰谷电价时，按（1）、（2）核减居民电量。

（6）线损电量和变损电量均加在平段电量内计算。

（7）通过工商业用电户转供并在电网企业立户缴费的用户，也应按执行范围安装分时电能表，并按晋发改商品发〔2021〕479号文规定来确定是否执行峰谷电价。当一级计量点执行峰谷电价，从转供户各时段电量中核减被转供户电量；当一级计量点不执行峰谷电价，从转供户总电量中核减被转供户总电量。

（8）通过工商业用电户转供并在电网企业立户缴费的用户，未安装分时电能表。当一级计量点执行峰谷电价，从转供户尖峰时段、高峰时段、低谷时段、平时段电量占总电量比例分摊被转供户电量，分别核减；当一级计量点不执行峰谷电价，从转供户总电量中核减被转供户总电量。

（9）二级计量点下采用多种方式计量时，电量核减顺序总原则为：被转供电量、分时分表电量、非分时分表电量、定比电量、定量电量。

3. 变线损电量计算

当计量装置未安装在产权分界点处时，需计算相应变损电量或线损电量。

（1）变损电量计算。

变损电量分为有功变损电量和无功变损电量。

1）有功变损=有功铁损+有功铜损。

有功铁损=有功空载损耗×24×变压器运行天数。

有功铜损=修正系数 K×（有功抄见电量^2+无功抄见电量^2）×有功负载损耗/变压器额定容量^2×24×变压器运行天数。

2）无功变损=有功铁损+有功铜损。

无功铁损=无功空载损耗×24×变压器运行天数。

无功铜损=修正系数 K×（有功抄见电量^2+无功抄见电量^2）×无功负载损耗/变压器额定容量^2×24×变压器运行天数。

各参数的单位为：有功空载损耗 kW；变压器运行天数为天；修正系数 K 对应生产班次，单班、二班、三班分别为 3.6、1.8、1.2；有功负载损耗 kW；有功抄见电量 kWh；无功抄见电量 kvarh；变压器额定容量 kVA；无功空载损耗 kvar；无功负载损耗 kvar。

（2）线损电量计算。

线损电量分为有功线损电量和无功线损电量。

1）有功线损电量=单位长度线路电阻×线路长度×0.001×（总有功电量^2+总无功电量^2）/（线路额定电压^2×生产班次×240）。

2）无功线损电量=单位长度线路电抗×线路长度×0.001×（总有功电量^2+总无功电量^2）/（线路额定电压^2×生产班次×240）。

各参数的单位为：单位长度线路电阻 Ω/km；单位长度线路电抗 Ω/km；线路长度 km；有功变损电量 kWh；无功变损电量 kvarh；生产班次为单班、二班、三班时分别为 1、2、3。

2.5 零售用户电费结算

2.5.1 交易电费

零售用户的交易电费包括电能电费（也称零售交易电费）、偏差电费、目录电费（也称基础电费）。

2.5.1.1 零售交易电费

零售交易电费分 3 次进行结算，分别为预结算零售交易电费、月度结算零售交易电费、补差结算零售交易电费。

1. 预结算零售交易电费

预结算零售交易电费以零售用户为维度进行结算。先计算各计量点的预结算零售交易电费，再汇总各零售用户的预结算零售交易电费。

（1）非分时价格套餐。

当售电公司和零售主体约定的零售套餐为非分时价格套餐时，以零售用户为维度进行零售交易电费结算，并按晋发改商品发〔2021〕479 号文件规定执行峰谷电价。

1）一般工商业用户（不含国家专门规定的电气化铁路牵引用电）。

零售交易电费$=Q_{月度峰电量} \times P_{约定} \times (1+\alpha_1) + Q_{月度谷电量} \times P_{约定} \times (1-\alpha_2) + Q_{月度平电量} \times P_{约定}$

$Q_{月度平电量} = Q_{市场化} - Q_{月度峰电量} - Q_{月度谷电量}$

其中：$Q_{市场化}$为零售用户月度市场化电量，即结算月 1 日 0 点至月末日 24 点之间的市场化电量，包括工商业用电量和变线损电量；$Q_{月度峰电量}$、$Q_{月度谷电量}$、$Q_{月度平电量}$分别为零售用户月度峰时段、谷时段、平时段的市场化电量。

$P_{约定}$为根据零售套餐计算的零售主体的约定电价。

α_1为峰电价上浮比例，按晋发改商品发〔2021〕479 号文规定为 60%；α_2为谷电价下浮比例，按晋发改商品发〔2021〕479 号文规定为 55%。

2）大工业用户（不含国家专门规定的电气化铁路牵引用电）。

a. 每年 1、7、8、12 月：

零售交易电费$=Q_{月度尖峰电量} \times P_{约定} \times (1+\alpha_1) \times (1+\alpha_3) + Q_{月度峰电量} \times P_{约定} \times (1+\alpha_1) + Q_{月度谷电量} \times P_{约定} \times (1-\alpha_2) + Q_{月度平电量} \times P_{约定}$

$Q_{月度平电量} = Q_{市场化} - Q_{月度尖峰电量} - Q_{月度峰电量} - Q_{月度谷电量}$

其中：$Q_{月度尖峰电量}$为零售用户月度尖峰时段的市场化电量；α_3为尖峰电价上浮比例，按晋发改商品发〔2021〕479 号文规定为 20%。

b. 每年其余月份：

零售交易电费$=Q_{月度峰电量} \times P_{约定} \times (1+\alpha_1) + Q_{月度谷电量} \times P_{约定} \times (1-\alpha_2) + Q_{月度平电量} \times P_{约定}$

3）国家专门规定的电气化铁路牵引用电。

零售交易电费$=Q_{市场化} \times P_{约定}$

（2）分时零售套餐。

零售交易电费=$Q_{市场化} \times P_{预结算电价}$。

$P_{预结算电价}$为零售主体预结算电价，具体计算规则参考本书"2.3.1.1 电能电价，（1）预结算电能电价"。

2. 月度结算零售交易电费

（1）"基础+非分时"价格套餐。

当售电公司与零售主体约定"基础+非分时"价格套餐时，零售用户的月度结算零售交易电费=预结算零售交易电费。

（2）"基础+分时"价格套餐。

当售电公司和零售主体约定"基础+分时"价格套餐时，先以零售主体为维度，按小时进行零售交易电费结算，再按照零售用户的月度市场化电量占该零售主体总市场化电量的比例进行分摊。

零售主体的零售交易电费=$\sum C_{i\,电能(基础)}+C_{调平}$，具体计算规则参考本书"2.2.4 套餐电能电费计算，（2）基础+分时价格套餐"。

零售用户的零售交易电费=零售主体的交易电费×$Q_{市场化,\,户}$/$\sum Q_{市场化,\,户}$

$Q_{市场化,\,户}$为零售主体下某个零售用户的月度市场化电量。

（3）"组合+非分时"价格套餐。

当售电公司和零售主体约定"组合+非分时"价格套餐，先以零售主体为维度计算组合套餐约定电价，再根据组合套餐约定电价及零售用户结算电量计算零售用户的零售交易电费。零售用户电费结算过程中，按晋发改商品发〔2021〕479号文件规定执行峰谷电价。

零售主体组合套餐约定电价的具体计算规则参考本书"2.2.3.3 组合+非分时价格套餐电价"。

零售用户的零售交易电费的具体计算规则参考本节"1.基础非

分时套餐"。

（4）"组合+分时"价格套餐。

当售电公司和零售主体约定"组合+分时"价格套餐时，先以零售主体为维度，按小时进行零售交易电费结算，再按照零售用户的月度市场化电量占该零售主体总市场化电量的比例进行分摊。

零售主体的零售交易电费=$\sum C_{i\ 电能(组合)}+C_{\ 调平}$，具体计算规则参考本书"2.2.4.2 组合价格套餐电能电费，（2）基准分时价格套餐"。

零售用户的零售交易电费=零售主体的交易电费×$Q_{市场化,户}$/$\sum Q_{市场化,户}$

3. 补差结算零售交易电费

补差结算零售交易电费以零售用户为维度进行结算。

（1）非分时价格套餐。

当售电公司与零售主体约定"基础+非分时"价格套餐时，月度结算零售交易电费=预结算零售交易电费，因此不发行补差结算零售交易电费。

当售电公司与零售主体约定"组合+非分时"价格套餐时，零售用户下各计量点的补差结算零售交易电费=月度结算零售交易电费−预结算零售交易电费。零售用户的补差结算零售交易电费=$\sum$零售用户下各计量点的补差结算零售交易电费。

（2）分时价格套餐。

当售电公司和零售主体约定"基础+分时"和"组合+分时"价格套餐时，先按照零售主体下各零售用户的月度市场化电量占该零售主体总市场化电量的比例分摊月度结算零售交易电费，再按照零售用户下各工商业计量点的月度市场化电量占该零售用户总市场化电量比例分摊该零售用户的月度结算零售交易电费。

通过汇总各计量点月度结算零售交易电费与预结算零售交易电费的差值，计算出零售用户的补差结算零售交易电费。

补差结算零售交易电费=月度结算零售交易电费−预结算零售交易电费。

2.5.1.2 偏差电费

偏差电费以市场主体为维度，按月度为周期进行结算，并与补差结算零售交易电费一并发行。当售电公司和零售主体约定"约定电量"价格套餐时，先以零售主体为维度按小时进行偏差电费结算，再按照零售用户的月度市场化电量占该零售主体总市场化电量的比例进行分摊。具体计算规则参考本书"2.2.5 套餐偏差电费计算"。

零售用户的偏差电费=零售主体的偏差电费$\times Q_{市场化,户}/\sum Q_{市场化,户}$

2.5.1.3 基础电费

1. 不执行目录峰谷分时电价的用户

基础电费=$Q_{非市场化}\times$目录电价

$Q_{非市场化}$为市场化用户下执行目录电价计量点结算的非市场化电量，即结算月 1 日 0 点至月末日 24 点之间的非市场化电量。

2. 选择目录峰谷分时电价的用户

基础电费=$Q_{月度峰电量（非市场化）}\times P_{峰电价}+Q_{月度谷电量（非市场化）}\times P_{谷电价}$

$Q_{月度峰电量（非市场化）}$、$Q_{月度谷电量（非市场化）}$分别为市场化用户下执行目录电价计量点结算的峰时段、谷时段非市场化电量；

$P_{峰电价}$、$P_{谷电价}$分别为高峰时段、低谷时段电价。

2.5.2 上网环节线损电费

上网环节线损费用=$Q_{市场化}\times P_{上网线环节损费用折价}$

$P_{上网线环节损费用折价}$为上网环节线损费用折价。

2.5.3 输配电费

输配电费包括输配电量电费和输配容（需）量电费（也称基本电费）。

2.5.3.1 执行单一制电价的用户

输配电费=输配电量电费=$Q_{市场化} \times P_{输配电量电价}$

$P_{输配电量电价}$为《山西电网第三监管周期输配电价表》中对应的电量电价。

2.5.3.2 执行两部制电价的用户

输配电费=输配电量电费+输配容（需）量电费

1. 输配电量电费

输配电量电费=$Q_{市场化} \times P_{输配电量电价}$

2. 输配容（需）量电费

国家发展改革委《关于降低一般工商业电价有关事项的通知》（发改价格〔2018〕500号）文规定，两部制电力用户可自愿选择按变压器容量或合同最大需量缴纳电费，也可选择按实际最大需量缴纳电费。

（1）选择按容量计收输配容（需）量电费的用户。

输配容（需）量电费=$S_{容量} \times P_{容量电价}$

$S_{容量}$为运行变压器容量总和；

$P_{容量电价}$为《山西电网第三监管周期输配电价表》中对应的容量电价。

（2）选择按最大需量或合约需量计收输配容（需）量电费的用户。

晋发改商品发〔2023〕166号文："对选择执行需量电价计费方

式的两部制用户（按合同最大需量或实际最大需量），每月每千伏安用电量达到 260 千瓦时及以上的，当月需量电价按核定标准 90% 执行。每月每千伏安用电量为用户所属全部计量点当月总用电量除以合同变压器容量"。因此自 2023 年 6 月 1 日起，执行两部制电价的用户选择按最大需量或按合约需量计算输配容（需）量电费时，当月度每月每千伏安用电量达到 260 千瓦时及以上时，需量电价打 9 折。

1）月每千伏安用电量计算。

$Q_{月每千伏安用电量}＝（Q_{用电}－Q_{不执行需量}）／（S_{合同}－S_{不执行需量}）$

$Q_{用电}$ 为用户总电量，即结算月 1 日 0 点至月末日 24 点之间的所有电量，包括市场化用电量和非市场化用电量；

$Q_{不执行需量}$ 为执行居民、农业电价以及不执行需量电价的独立受电点电量；

$S_{合同}$ 为用户合同容量；

$S_{不执行需量}$ 为执行居民、农业电价以及不执行需量电价的独立受电点"受电点容量"。

月每千伏安用电量按舍尾取整处理，计算时不考虑有序用电、需求响应、检修停电、事故停电等影响。

2）当 $Q_{月每千伏安用电量}$ 小于 260 千伏安时：

输配容（需）量电费=$Q_{需量}×P_{需量电价}$

3）当 $Q_{月每千伏安用电量}$ 大于或等于 260 千伏安时：

输配容（需）量电费=$Q_{需量}×P_{需量电价}×0.9$

$Q_{需量}$ 为最大需量值或合约需量值；

$P_{需量电价}$ 为《山西电网第三监管周期输配电价表》中对应的需量电价。

2.5.4 系统运行电费

2.5.4.1 抽水蓄能容量电费

抽水蓄能容量电费$=Q_{\text{市场化}} \times P_{\text{抽水蓄能容量电费折价}}$

$P_{\text{抽水蓄能容量电费折价}}$为抽水蓄能容量电费折价。

2.5.4.2 上网环节线损代理采购损益费用

上网环节线损代理采购损益费用$=Q_{\text{市场化}} \times P_{\text{上网环节线损代理采购损益折价}}$

$P_{\text{上网环节线损代理采购损益折价}}$为上网环节线损代理采购损益折价。

2.5.4.3 电价交叉补贴新增损益费用

电价交叉补贴新增损益费用$=Q_{\text{市场化}} \times P_{\text{电价交叉补贴新增损益折价}}$

$P_{\text{电价交叉补贴新增损益折价}}$为电价交叉补贴新增损益折价。

2.5.4.4 趸售电价损益费用

趸售电价损益费用$=Q_{\text{市场化}} \times P_{\text{趸售电价损益折价}}$

$P_{\text{趸售电价损益折价}}$为趸售电价损益折价。

2.5.4.5 自动发电控制（AGC）辅助服务补偿费用

自动发电控制（AGC）辅助服务补偿费用$=Q_{\text{市场化}} \times P_{\text{AGC费用度电价格}}$

$P_{\text{AGC费用度电价格}}$为自动发电控制（AGC）辅助服务补偿费用度电价格。

2.5.4.6 辅助服务费用

辅助服务费用$=Q_{\text{市场化}} \times P_{\text{辅助服务费用折价}}$

$P_{\text{辅助服务费用折价}}$为辅助服务费用折价。

2.5.4.7 煤电容量电费分摊费用

煤电容量电费分摊费用$=Q_{\text{市场化}} \times P_{\text{煤电容量电费折价}}$

$P_{\text{煤电容量电费折价}}$为煤电容量电费分摊费用折价。

2.5.5 政府性基金及附加

2.5.5.1 国家重大水利工程建设基金

国家重大水利工程建设基金=$Q_{用电(不含农业排灌用电、趸售用电等)}$×国家重大水利工程建设基金代征标准

2.5.5.2 可再生能源电价附加费用

可再生能源电价附加费用=$Q_{用电(不含农业生产、趸售用电等)}$×可再生能源电价附加征收标准

2.5.5.3 大中型水库移民后期扶持资金

大中型水库移民后期扶持资金=$Q_{用电(不含农业生产用电、趸售用电等)}$×大中型水库移民后期扶持基金征收标准

2.5.5.4 农网还贷资金

农网还贷资金=$Q_{用电(不含农业排灌、趸售用电、提黄灌溉用电等)}$×农网还贷资金征收标准

2.5.6 虚拟电厂用户可分享红利

虚拟电厂用户可分享红利以市场主体维度,按月度为周期进行结算,并与补差结算零售交易电费一并发行。先以零售主体维度计算,再按照零售用户的月度市场化电量占零售主体总市场化电量的比例进行分摊。

(1)零售主体可分享红利。

$C_{红利分享}$=$\sum[Q_{零售市场主体,月,h}×(P_{虚拟电厂中长期净合约,月,h}-P_{虚拟电厂电能量,月,h})×K_{红利}]$

$C_{红利分享}$为零售主体可分享红利;

$Q_{零售市场主体,月,h}$为当月虚拟电厂调节时段中某一小时,零售主体

实际用电量；

$P_{虚拟电厂中长期净合约,月,h}$ 为当月虚拟电厂运营商调节时段某一小时的中长期合约结算均价；

$P_{虚拟电厂电能量,月,h}$ 为当月虚拟电厂运营商调节时段某一小时的批发市场电能量结算均价；

$K_{红利}$ 为零售主体红利分享系数。

（2）零售用户可分享红利。

零售用户可分享红利=零售主体可分享红利×$Q_{市场化,户}$/$\sum Q_{市场化,户}$

2.5.7　力调电费

自 2023 年 6 月 1 日起，除政府性基金及附加、基础电费外的其他费用均参与力调电费计算。力调电费计算以零售用户为维度进行结算。因零售主体的零售交易电费采用"预结算+月度结算+补差结算"模式，偏差电费、虚拟电厂用户可分享红利采用"补差结算"模式发行，且以上 3 类费用均参与力调电费计算，因此力调电费也是以零售用户为维度，采用"预结算+补差结算"模式进行结算。

1. 预结算力调电费

预结算力调电费=零售交易电费×功率因数调整系数+上网环节线损费用×功率因数调整系数+输配电费×功率因数调整系数+系统运行费用×功率因数调整系数

2. 补差结算力调电费

补差结算力调电费=补差结算零售交易电费×功率因数调整系数+偏差电费×功率因数调整系数+虚拟电厂用户可分享红利×功率因数调整系数

3 批发用户电费结算体系

3.1 批发用户电费构成

与由售电公司代理直接参与电力市场交易的零售用户一样，批发用户参与电力市场交易时，结算电费也包括上网电费（也称交易电费）、上网环节线损费用、输配电费、输配容（需）量电费、系统运行费用、政府性基金及附加费用、力调电费等。

虽然批发用户与零售用户均结算交易电费，但交易电费包含内容不同。当批发用户为参与现货交易的用户，批发用户直接通过中长期和现货交易市场购电，结算的交易电费包括中长期市场购电电费（即合约电费）、现货日前市场交易电费（即日前电费）、现货实时市场交易电费（即实时电费）以及月度调平电量结算的电费（即调平电费）以及月内电价变化分摊的价差调整电费。当批发用户为不参与现货交易的用户，只通过中长期交易市场购电，结算的交易电费包括合约电费和偏差电费。

在电力市场交易过程中，批发用户与零售用户承担的系统运行费用略有不同。当批发用户为参与现货交易的用户时，除承担辅助服务费用、抽水蓄能容量电费、上网环节线损代理采购损益费用、电价交叉补贴新增损益费用、趸售电价损益费用、自动发电控制（AGC）辅助服务补偿费用、煤电容量电费分摊费用等系统运行费用外，还需根据《山西电力市场规则汇编》规定，承担为保证保障电力系统安全稳定运行，清算发用两侧计划电市场电，统筹兼顾市场竞争与规范市场主体行为，设置的电能量费用之外的调节费用，即市场运营费用。市场运营费用结算时，该项费用纳入系统运行费用中进行发行。

山西能源监管办关于印发《山西独立储能和用户可控负荷参与电力调峰市场交易实施细则（试行）》的通知（晋监能〔2020〕14号）规定：独立储能和用户可控负荷参与电力调峰交易月度总费用等于月内所有独立储能和用户可控负荷市场主体的补偿收益之和，由新能源企业、火电企业、批发侧用户市场主体（含售电公司和批发大用户）进行分摊。因此批发用户每月结算电费还包含独立储能和用户可控负荷市场主体分摊费用（简称削峰填谷辅助服务分摊费用）。结算时，该项费用纳入系统运行费用中进行发行。

除交易电费、系统运行费用外的上网环节线损费用、输配电费、输配容（需）量电费、政府性基金及附加费用、力调电费与零售用户结算规则一致。

总结：参与现货交易的批发用户结算电费=交易电费+上网环节线损费用+输配电费+系统运行费用+政府性基金及附加+力调电费=（合约电费+日前电费+实时电费+调平电费+价差调整电费+基础电费）+上网环节线损费用+（输配电量电费+输配容（需）电费）+（抽水蓄能容量电费+上网环节线损代理采购损益费用+电价交叉补贴新增损益费用+趸售电价损益费用+辅助服务费用+自动发电控制辅助服务补偿费用+煤电容量电费分摊费用+市场运营费用+削峰填谷辅助服务分摊费用）+（国家重大水利工程建设基金+可再生能源电价附加+大中型水库移民后期扶持资金+农网还贷资金）+力调电费。

不参与现货交易的批发用户结算电费包括交易电费=（合约电费+偏差电费）、削峰填谷辅助服务分摊费用等。

3.2 批发用户执行电价

3.2.1 与零售用户执行电价的差异

交易电价执行差异：批发用户交易电费执行批发市场购电电价，偏差电量执行批发市场对应交易电价；零售用户交易电费执行零售主体与售电公司约定的零售合约，且偏差电量执行其与售电公司约定的偏差电价。

系统运行费用电价差异：批发用户结算的系统运行费用包括市场运营费用、削峰填谷辅助服务分摊费用，且市场运营费用结算均价的大小与用户在批发市场购电及实际用电等情况相关，削峰填谷辅助服务分摊费用与用户和全社会用电量相关；零售用户不承担这两项费用。

虚拟电厂用户可分享红利。批发主体参与虚拟电厂交易时，通过交易享受的红利全部由批发用户享受；零售主体由负荷聚合商聚合参与虚拟电厂交易时，零售用户可享受红利的大小需与售电公司进行协商确定。

除以上 3 个电价外，批发用户执行的交易电价中的目录电价、上网环节线损费用折价、政府性基金及附加、力调系数、峰谷电价及系统运行费用折价中的抽水蓄能容量电费折价、上网环节线损代理采购损益费用折价、电价交叉补贴新增损益费用折价、趸售电价损益费用折价、辅助服务费用折价、自动发电控制（AGC）辅助服务补偿费用折价、煤电容量电费分摊费用折价与零售用户执行电价一致，详见本书 2.3 节零售用户执行电价部分。

3.2.2　交易电价

批发用户执行的交易电价包括电能电价和目录电价。目录电价与零售用户下存在的居民生活和农业生产用电执行的目录电价一致，详见本书"2.3.1.3 目录电价"。

批发用户电费结算分为分次结算、同期结算、月度结算和补差结算，按照《山西电力市场规则汇编》规定，批发用户与零售用户一样，在分次结算、同期结算时执行的电能电价为预结算电价；月度结算时执行的电能电价为最终电能结算电价；补差结算时，只涉及电费补差，不涉及电价调整。

批发用户执行的电能电价根据参与交易市场的不同而不同，在参与不同市场交易时，电价约束原则、峰谷电价执行原则，各有不同。

3.2.2.1　电能电价约束原则

不同市场交易时，电能电价约束条件不同。

（1）中长期市场合约电价约束原则。

在电力中长期市场交易时，年度、多月集中交易原则上按照国家规定的燃煤基准价浮动范围进行限制；月度、旬分时段交易进行逐个时段限价，逐个时段限价范围设置 12 个价格区间；日滚动交易仅设置最低和最高价，不进行逐个时段限价；最高、最低限价，逐时段限价由山西省燃煤发电基准价乘以现货峰谷系数确定。其中平段基准价为 332 元/兆瓦时，最高限价原则上不高于燃煤发电基准价×（1+20%）×（1+该时段分时电价政策浮动比例）×（1+20%），下限价原则上不低于燃煤发电基准价×（1−20%）×（1−该时段分时电价政策浮动比例）×（1–20%）。

（2）现货市场日前、实时市场对应的统一结算点电价约束原则。

《山西电力市场规则汇编》规定：省内现货市场结算试运行期间，日前市场、实时市场分时统一结算点电价、日均价、月均价，暂定下限为 0 元/兆瓦时、上限为 1500 元/兆瓦时，超出上、下限按上限价、下限价处理。

2021—2023 年期间，山西省能源局根据国家发展改革委、国家能源局《关于做好电力现货市场试点连续结算相关工作的通知》（发改办能源规〔2020〕245 号）文件精神，对山西省电力市场日前市场或实时市场出清的用户侧统一结算价的算术平均价进行 3 次临时调控措施。

2021 年 7 月 12 日至 2021 年 8 月 21 日。当现货日前市场或实时市场出清的用户侧统一结算价的算术平均值超过 450 元/兆瓦时（根据近期燃料成本等进测算）时，日前和实时市场信息披露的现货出清价格不变，在结算时，将用户侧 96 点统一结算价按等比例缩小，直至用户侧 96 点统一结算价的算术平均值等 450 元/兆瓦时，相对应地将发电侧各节点的 96 点结算电价按相同比例缩小，以发、用两侧缩小后的价格开展电能量及各项市场运营费用结算（当某运行日仅日前用户侧算术均价超过 450 元/兆瓦时时，对日前价格进行缩小；仅实时用户侧算术均价超过时，对实时价格进行缩小；日前及实时用户侧算术均价都超过时，都进行缩小）。

2021 年 9 月 22 日至 2021 年 10 月 30 日，电力现货市场发、用两侧现货价格等比例缩小的启动条件，由现货日前市场或实时市场出清的用户侧统一结算价的算术平均价超过 450 元/兆瓦时扩大为 480 元/兆瓦时。

2021 年 11 月 1 日至 2023 年 3 月 31 日，电力现货市场发、用两侧现货价格等比例缩小的启动条件，由现货日前市场或实时市场出清的用户侧统一结算价的算术平均价超过 480 元/兆瓦时扩大为 580 元/兆瓦时。

2023 年 4 月 1 日至今，电力现货市场发、用两侧现货价格等比例缩小的启动条件，由现货日前市场或实时市场出清的用户侧统一结算价的算术平均价超过 580 元/兆瓦时调整为 566 元/兆瓦时。

3.2.2.2　峰谷电价执行原则

晋发改商品发〔2021〕479 号文规定市场交易合同未申报用电曲线或未形成分时价格差异的，结算时电力用户购电价格按本通知规定的峰谷时段划分及浮动比例执行。

（1）现货批发市场用户。

现货批发市场用户是指参与电力现货交易的批发主体对应的用户。

《山西省电力中长期分时段交易实施细则（试行）的通知》（晋监能〔2021〕7 号）规定：山西省电力中长期市场开展分时段交易，电力中长期分时段交易是指将每天 24 小时分为若干个时段，以每个时段的电量为交易标的，组织发电侧与批发主体（含售电公司）分别按时段开展电力中长期交易，由各个时段的交易结果形成各市场的中长期合同曲线。山西电力市场中长期分时段交易暂分为 24 个时段。中长期交易结果每小时的电量均为至该时段的 4 个 15 分钟时段，形成 96 点中长期合同电量曲线。

《山西电力市场规则汇编》——《电力市场电费结算实施细则》规定：现货交易开展期间，参与现货交易的批发主体按现货市场规则执行，其交易价格由市场化方式形成，但要合理设定限价标准，促进市场形成有效的分时电价信号。

综上所述，参与现货交易的批发主体按照 15 分钟为结算单元进行结算，中长期市场交易的电量，按小时形成分时价格；现货市场交易的电量，每 15 分钟形成分时价格，因此批发用户执行的电能电价不执行峰谷电价。

（2）非现货批发用户。

非现货批发用户是指不具备分时计量条件的低压用户暂和不直接参与现货市场交易的批发主体对应的用户。

《山西电力市场规则汇编》，非现货批发主体在参与中长期交易时只能选择典型曲线与电厂签订中长期合约，后期合约曲线形状不得调整。因合约电价为一个值，未形成电价曲线，因此对应非现货批发用户在结算电能电费时需执行峰谷电价。峰谷时段划分及浮动比例详见本书 2.3.7 峰谷电价部分。

3.2.2.3 电能电价

《电力市场电费结算实施细则》规定：电网企业对批发主体在 $M+6$ 日内开展电费预结算并进行收费，$M+15$ 日现货月度账单发布后，形成的最终结算结果与预结算结果之间的差额电费随次月电费一并发行。

1. 预结算电能电价

批发主体参与中长期交易时，对应批发用户的预结算电价为其中长期交易合约均价；批发主体未参与中长期交易，对应批发用户的预结算电价为批发市场中长期合约均价。

（1）参与中长期交易的现货批发用户的预结算电价计算案例。批发用户预结算电价计算案例见表 3-1。

该主体为现货批发主体，参与中长期交易，且电价形成了价格曲线，因此对应批发用户的预结算电能电价为 0.32142 元/千瓦时，且不执行峰谷电价。按照山西电力市场运行规则规定，交易类型为互动响应、普通、虚拟电厂的批发主体参与现货交易。

表 3-1　　　　　　　　批发用户预结算电价计算案例表一

单位：千瓦时、元/千瓦时、元

批发市场主体	合同名称	合约电量	合约电价	合约电费
用户 1	××用户用电侧 2023 年 11 月 01 日买入日汇总	112872	0.31988	36105.50
	××用户用电侧 2023 年 11 月 02 日买入日汇总	112872	0.31988	36105.50
	××用户用电侧 2023 年 11 月 03 日买入日汇总	112872	0.31988	36105.50
	××用户用电侧 2023 年 11 月 04 日买入日汇总	112872	0.31988	36105.50
	××用户用电侧 2023 年 11 月 05 日买入日汇总	112872	0.31988	36105.50
	××用户用电侧 2023 年 11 月 06 日买入日汇总	112872	0.31988	36105.50
	××用户用电侧 2023 年 11 月 07 日买入日汇总	112872	0.31988	36105.50
	××用户用电侧 2023 年 11 月 08 日买入日汇总	112872	0.31988	36105.50
	××用户用电侧 2023 年 11 月 09 日买入日汇总	112872	0.31988	36105.50
	××用户用电侧 2023 年 11 月 10 日买入日汇总	113872	0.3206	36507.36
	××用户用电侧 2023 年 11 月 11 日买入日汇总	110176	0.32924	36274.35
	××用户用电侧 2023 年 11 月 12 日买入日汇总	110672	0.32328	35778.04
	××用户用电侧 2023 年 11 月 13 日买入日汇总	110972	0.32866	36472.06
	××用户用电侧 2023 年 11 月 14 日买入日汇总	110672	0.3226	35702.79
	××用户用电侧 2023 年 11 月 15 日买入日汇总	110472	0.32144	35510.12

续表

批发市场主体	合同名称	合约电量	合约电价	合约电费
用户 1	××用户用电侧 2023 年 11 月 16 日买入日汇总	110372	0.32166	35502.26
	××用户用电侧 2023 年 11 月 17 日买入日汇总	109772	0.32352	35513.44
	××用户用电侧 2023 年 11 月 18 日买入日汇总	110072	0.32324	35579.67
	××用户用电侧 2023 年 11 月 19 日买入日汇总	110672	0.32788	36287.14
	××用户用电侧 2023 年 11 月 20 日买入日汇总	110172	0.32455	35756.32
	××用户用电侧 2023 年 11 月 21 日买入日汇总	113936	0.3192	36368.37
	××用户用电侧 2023 年 11 月 21 日卖出日汇总	−500	0.19022	−95.11
	××用户用电侧 2023 年 11 月 22 日买入日汇总	113936	0.3192	36368.37
	××用户用电侧 2023 年 11 月 22 日卖出日汇总	−500	0.19022	−95.11
	××用户用电侧 2023 年 11 月 23 日买入日汇总	113936	0.3192	36368.37
	××用户用电侧 2023 年 11 月 23 日卖出日汇总	−500	0.19022	−95.11
	××用户用电侧 2023 年 11 月 24 日买入日汇总	113936	0.3192	36368.37
	××用户用电侧 2023 年 11 月 24 日卖出日汇总	−500	0.19022	−95.11
	××用户用电侧 2023 年 11 月 25 日买入日汇总	113936	0.3192	36368.37
	××用户用电侧 2023 年 11 月 25 日卖出日汇总	−500	0.19022	−95.11
	××用户用电侧 2023 年 11 月 26 日买入日汇总	113936	0.3192	36368.37
	××用户用电侧 2023 年 11 月 26 日卖出日汇总	−500	0.19022	−95.11

续表

批发市场主体	合同名称	合约电量	合约电价	合约电费
用户 1	××用户用电侧 2023 年 11 月 27 日买入日汇总	113936	0.3192	36368.37
	××用户用电侧 2023 年 11 月 27 日卖出日汇总	−500	0.19022	−95.11
	××用户用电侧 2023 年 11 月 28 日买入日汇总	113936	0.3192	36368.37
	××用户用电侧 2023 年 11 月 28 日卖出日汇总	−500	0.19022	−95.11
	××用户用电侧 2023 年 11 月 29 日买入日汇总	113936	0.3192	36368.37
	××用户用电侧 2023 年 11 月 29 日卖出日汇总	−500	0.19022	−95.11
	××用户用电侧 2023 年 11 月 30 日买入日汇总	113936	0.3192	36368.37
	××用户用电侧 2023 年 11 月 30 日卖出日汇总	−500	0.19022	−95.11
	合计	3368104	0.32142	1082565.65

注 0.32142=1082565.65/3368104。

（2）参与中长期交易的非现货批发用户预结算电价计算案例。批发用户预结算电价计算案例见表 3-2。

表 3-2　　　　　　　　　批发用户预结算电价计算案例表二

单位：千瓦时、元/千瓦时、元

批发用户	合同名称	合约电量	合约电价	合约电费	预结算电能电价			
					尖峰电价	峰电价	平电价	谷电价
用户 2	批发主体 2 与××电厂 A 合同 1	58000	0.395	22910	0.724838	0.604032	0.37752	0.169884
	批发主体 2 与××电厂 B 合同 2	45000	0.355	15975				

注 0.37785=（22910+15975）/（58000+45000）。

该主体为非现货批发主体，只参与中长期交易，但电价未形成价格曲线，因此对应批发用户的预结算电能电价为中长期合约加权均价0.37752 元/千瓦时，且执行峰谷电价。按照山西电力市场运行规则规定，交易类型为 5G 普通低压的批发主体只参与中长期、不参与现货交易。

（3）未参与中长期交易的批发用户预结算电价计算案例。

假设当月全市场各交易单元结算均价见表 3-3。

表 3-3　　　　　　　批发用户预结算电价计算案例表三

交易类型	合约电量（千瓦时）	合约电费（元）	合约均价（元/千瓦时）
5G 普通低压	1158000	448467.00	0.38728
互动响应	35200092	10200009.06	0.28977
普通	10570999673	3455866788.13	0.32692
虚拟电厂	9085579	2864864.70	0.31532
榆林	38000000	15139200.00	0.3984
市场均价	10654443344	3486465271.24	0.32705

参与现货交易但未参与中长期交易的批发主体，对应批发用户的预结算电价为市场均价 0.32705 元/千瓦时，不执行峰谷电价；既未参与中长期交易也不参与现货交易的批发市场主体，预结算平段电能电价为 0.35976（0.32705×1.1）元/千瓦时，并按照峰谷时段划分和浮动比例执行。批发用户预结算电价计算案例见表 3-4。

表 3-4　　　　　　　批发用户预结算电价计算案例表四

批发用户	交易类型	预结算电能电价（元/千瓦时）			
		尖峰电价	峰电价	平电价	谷电价
用户 1	互动响应	—	—	0.32705	—
用户 2	普通	—	—	0.32705	—
用户 3	虚拟电厂	—	—	0.32705	—
用户 4	5G 普通低压	0.690739	0.575616	0.35976	0.161892

2. 月度结算电能电价

（1）参与现货交易的批发用户。

参与现货交易批发用户月度结算电能电费不是单纯按照电量乘以电价，而是按照日清月结模式进行结算，在月度结算时累加日清结算的合约电费、日前电费和实时电费作为最终结算分时电能电费，同时以月度为周期结算调平电费和用户侧价差调整电费分摊费用（简称价差调整电费）。

月度结算电能电价=批发主体结算电能电费/市场化结算电量

批发主体结算的电能电费=合约电费+日前电费+实时电费+调平电费+价差调整电费

合约电费=合约电量×合约电价

日前电费=日前结算电量×日前市场统一结算点电价

实时电费=实时结算电量×实时市场统一结算点电价

调平电费=调平电量×省内实时市场月均价

价差调整电费=批发主体市场结算电量/全市场结算电量×全市场价差调整总电费

合约电价（$P_{合约}$）：合约电价为日96点电价。日清结算的合约电能电价执行批发市场主体中长期市场交易时形成的合约电价。同一个批发主体可以在中长期市场与多个电厂或其他主体进行交易，并形成多笔交易合同，每笔合同中，每小时的电价一样，即96点结算时段中，每4个时段的交易电价相同。

日前市场 t 时段日前市场统一结算点电价（$P_{日前统一-,t}$）：为日96点电价。日前电能电费结算时执行日前市场 t 时段日前市场统一结算点电价，即按日按15分钟各机组省内市场日前出清上网电量进行所有节点电价加权平均。参与日前市场交易的批发主体（包括售电公司）均执行同一个电价。

实时市场 t 时段日前市场统一结算点电价（$P_{实时统一,t}$）：为日96点电价。实时电能电费结算时执行实时市场 t 时段日前市场统一结算点电价，即按日按 15 分钟各机组省内市场计量电量进行所有节点电价加权平均。参与实时市场交易的批发主体（包括售电公司）均执行同一个电价。

调平电价（$P_{实时月度加权}$）：为月电价。调平电费结算时执行省内实时市场月均价，即按当月各机组各时段省内市场计量电量进行所有时段所有节点电价加权平均。参与中长期和现货交易的批发市场主体（包括售电公司）均执行同一个电价。批发用户月度结算电价计算案例见 3-5。

（2）不参与现货交易的批发用户。

不参与现货交易的批发市场用户是对应批发主体的指交易类型为 5G 普通低压的用户，此类用户月度结算时执行的电能电价按照实际市场化结算电量与合约电量的偏差情况确定。

实际市场化结算电量大于等于合约电量时：实际市场化结算电量对应合约电量部分执行合约电价，正偏差用电量（实际用电量-合约电量）部分执行"当月省内中长期合约加权均价×1.1"电价。合约电量、正偏差电量执行电价均未形成电价曲线，因此合约电价和当月省内中长期合约加权均价×1.1 均需按照晋发改商品发〔2021〕479 号文规定进行峰谷浮动。

实际市场化结算电量小于合约电量时：实际用电量部分执行合约电价，并按照晋发改商品发〔2021〕479 号文规定进行峰谷浮动。负偏差电量（合约电量-实际用电量）部分执行合约电价，因负偏差电量只是用户在批发市场上多购买的电量，而不是用户实际产生的

表 3-5 批发用户月度结算电价计算案例表一

用户名称	日期	时段	合约电量	合约电价	合约电费	日前结算电量	日前电价	日前电费	实时结算电量	实时电价	实时电费
用户1	20231101	15	307213	0.35294	108426.59	-34131	0.62301	-21263.95	-13048	0.58036	-7572.54
	20231101	30	307213	0.35294	108426.59	-44581	0.57508	-25637.64	-8953	0.65	-5819.45
	20231101	45	307213	0.35294	108426.59	-28768	0.57412	-16516.28	-5046	0.651	-3284.95
	20231101	100	307215	0.35294	108427.25	-31683	0.55626	-17623.99	-5474	0.65036	-3560.07
	...	...	...	...	...	...	...	...	...	...	...
	20231130	2315	282030	0.37371	105398.83	125766	0	0	-77915	0	0.00
	20231130	2330	282030	0.37371	105398.83	103188	0	0	-77426	0	0.00
	20231130	2345	282030	0.37371	105398.83	108392	0	0	-40900	0	0.00
	20231130	2400	283015	0.3737	105763.39	117934	0	0	-77776	0	0.00
	20231130	2400	283015	0.3737	105763.39	117934	0	0	-7776	0	0.00
小计			862497942	—	3339437223.3	40693226	—	-4010150.18	-29539102	—	4954385.72

	日期	时段	调平电量	调平电价	调平电费	价差调整电费	市场化结算电量	批发市场结算电能电费	月度结算电价
	202311	月度	828631	0.28678	237634.8	1884.96	87448697	335127478.6	0.38323

用电量，因此不执行峰谷电价。

假设用户 1 某月市场化结算电量为 351820 千瓦时，合约电量 300000 千瓦时，当省内中长期合约加权均价×1.1 为 0.39576 元/千瓦时，用户月度结算电价见表 3-6。

表 3-6 批发用户月度结算电价计算案例表二

电量类型	电量值（千瓦时）	月度结算电能电价（元/千瓦时）			
		尖峰电价	峰电价	平电价	谷电价
合约电量	300000	0.7008	0.584	0.365	0.16425
正偏差电量	51802	0.759859	0.633216	0.39576	0.178092

假设用户 2 某月市场化结算电量为 718937 千瓦时，合约电量 730000 千瓦时，当月省内中长期合约加权均价×1.1 为 0.39576 元/千瓦时，用户月度结算电价见表 3-7。

表 3-7 批发用户月度结算电价计算案例表三

电量类型	电量值（千瓦时）	月度结算电能电价（元/千瓦时）			
		尖峰电价	峰电价	平电价	谷电价
市场化结算电量	718937	0.764928	0.63744	0.3984	0.17928
负偏差电量	11063	—	—	0.3984	—

假设用户 3 某月市场化结算电量为 9226 千瓦时，合约电量 0 千瓦时，当月省内中长期合约加权均价×1.1 为 0.39576 元/千瓦时，用户月度结算电价见表 3-8。

表 3-8 批发用户月度结算电价计算案例表四

电量类型	电量值（千瓦时）	月度结算电能电价（元/千瓦时）			
		尖峰电价	峰电价	平电价	谷电价
合约电量	0	0.7008	0.584	0.365	0.16425
正偏差电量	9226	0.759859	0.633216	0.39576	0.178092

3.2.3 市场运营费用相关电价

批发用户结算的系统运行费用电价包括：抽水蓄能容量电费折价、上网环节线损代理采购损益费用折价、电价交叉补贴新增损益费用折价、莒售电价损益费用折价、辅助服务费用折价、自动发电控制（AGC）辅助服务补偿费用折价、煤电容量电费分摊费用折价、市场运营费用、削峰填谷辅助服务分摊费用。本节重点介绍市场运营费用结算电价、削峰填谷辅助服务分摊费用的结算电价。

3.2.3.1 市场运营费用结算相关电价

市场运营费用结算是先以批发主体为维度进行结算，再将结算结果按照批发用户电量占批发主体的比例分摊至批发用户。批发主体的市场运营费不是按照电量乘以电价方式计算而来，而是按照《电力市场电费结算实施细则》规则计算而来。

市场运营费用结算均价=市场运营费用/实际市场化结算电量。

市场运营费用=分摊类市场运营费用+返还类市场运营费用+考核类市场运营费用。

分摊类市场运营费用和返还类市场运营费用是按照对应电量比例分摊或分享的费用，因此不涉及电价。考核类市场运营费用计算涉及市场交易电价。

（1）月度和旬中长期分时交易相应时段当月加权均价（$P_{中长期分时,月,旬,h}$），为月 24 小时电价，即全月每小时中长期交易市场上，参与普通交易的售电公司和批发主体通过月度和旬交易成交的所有合同电价加权平均值。

（2）多月及以上中长期普通交易所有时段加权均价（$P_{多月及以上普通交易}$），为月 24 小时电价，即全月每小时中长期交易市场上，参与普通交易的售电公司和批发主体通过年度、季度等多月交易成交的所有合同电价加权平均值。

（3）当月各批次普通交易的相应时段加权均价（$P_{普通交易, h}$），为日 24 小时电价，即每日每小时中长期交易市场上，参与普通交易的售电公司和批发主体成交的所有合同电价加权平均值。

（4）日前市场 h 时段统一结算点电价（$P_{日前统一, h}$），为日 24 小时电价，即每日每小时各机组省内市场日前出清上网电量进行所有节点电价加权平均值。

（5）当月现货日前市场用户侧统一结算点加权均价（$P_{日前月度, h}$），为月 24 小时电价，即全月每小时各机组省内市场日前出清上网电量进行所有节点电价加权平均值。

（6）实时市场 h 时段统一结算点电价（$P_{实时统一, h}$），为日 24 小时电价，即每日每小时各机组省内市场实时市场所有节点电价加权平均值。

（7）省内现货日前市场用户侧统一结算点加权均价（$P_{日前月度, h}$），为月 24 小时电价，即全月每小时各机组省内市场日前出清上网电量进行所有节点电价加权平均值。

（8）省内日前市场月均价（$P_{日前月度加权}$）：为月电价，为按当月各机组各时段省内日前出清电量进行所有时段所有节点电价加权平均。

（9）省内实时市场月均价（$P_{实时月度加权}$）：为月电价，为按当月各机组各时段省内市场计量电量进行所有时段所有节点电价加权平均。

3.2.3.2　削峰填谷辅助服务分摊费用结算电价

削峰填谷辅助服务分摊费用结算是先以批发主体为维度进行

结算，再将结算结果按照批发用户电量占批发主体的比例分摊至批发用户。批发主体的削峰填谷辅助服务分摊费用不是按照电量乘以电价方式计算而来，而是按照晋监能〔2020〕14 号规则计算出来的。

削峰填谷辅助服务分摊费用结算均价=削峰填谷辅助服务分摊费用/实际市场化结算电量。

3.3 批发用户电费结算

3.3.1 交易电费

批发用户的交易电费包括电能电费（也称直接交易电费）、目录电费（也称基础电费）。基础电费结算规则与零售用户一致，具体详见本书"2.5.1.3 基础电费"。本节重点介绍批发用户直接交易电费结算规则。

3.3.1.1 直接交易电费

批发用户的直接交易电费是以批发主体为维度进行结算，再将结算结果分摊至批发用户。

参与现货交易的批发主体采用"日清月结"模式完成直接交易电费结算，具体分 4 次进行结算，分别为日清结算直接交易电费、预结算直接交易电费、月度结算直接交易电费、补差结算直接交易电费。不参与现货交易的批发主体的直接交易电费以月度为周期进行结算。

1. 参与现货交易的批发用户

（1）日清结算直接交易电费。

日清结算直接交易电费只计算至批发主体，不向批发用户分摊。结算时以 15 分钟为一个结算时段分别结算每日批发主体的中长期市场、日前市场、实时市场的电量电费交易情况，即合约电能电费（简称合约电费）、日前市场电能电费（简称日前电费）、实时市场电能电费（简称实时电费）。

日清结算的直接交易电费=合约电费+日前电费+实时电费

1）合约电费 $=\sum(Q_{合约,t}\times P_{合约,t})$

$Q_{合约,t}$ 为批发主体 t 时段的合约电量（t 为 15 分钟）、$P_{合约,t}$ 为批发主体 t 时段的合约电价。

当参与现货交易的批发主体未参与中长期交易时合约电量、合约电能电费均为 0。

2）日前电费 $=\sum[Q_{日前结算,t}\times P_{日前统一,t}]=\sum[(Q_{日前,t}-Q_{合约,t})\times P_{日前统一,t}]$

$Q_{日前结算,t}$ 为批发主体日前市场 t 时段结算电量、$Q_{日前,t}$ 为批发主体日前市场申报的 t 时段需求电量、$P_{日前统一,t}$ 为日前市场 t 时段统一结算点电价。

3）实时电费 $=\sum[Q_{实时结算,t}\times P_{实时统一,t}]=\sum[(Q_{市场化,t}-Q_{日前,t})\times P_{实时统一,t}]$

$Q_{实时结算,t}$ 为批发主体实时市场 t 时段结算电量、$Q_{市场化,t}$ 为批发主体实时市场 t 时段市场化用电量（累计该主体下所有工商业计量点 t 时段结算电量）、$P_{实时统一,t}$ 为实时市场 t 时段统一结算点电价。

（2）预结算直接交易电费。

预结算直接交易电费是以批发用户为维度进行结算。

批发用户的预结算直接交易电费=∑批发用户下各计量点的预结算直接交易电费=$Q_{市场化,计量点}\times P_{预结算电价}$

$P_{预结算电价}$ 为批发主体预结算电价。具体计算规则参考本书"3.2.2.3

电能电价，1.预结算电能电价"。

（3）月度结算直接交易电费。

参与现货交易的批发用户的月度直接交易电费是以批发主体为维度进行结算，再将结算结果分摊至批发用户。

合约电费、日前电费、实时电费均通过累加全月日清结算的相应电费计算得到。在此基础上，再以月为维度计算调平电费和价差调整电费。调平电费是指月度结算电量与按 96 点分时电量的差值电量所结算的电费。价差调整电费是指用户日清正式日账单发布后，计算所用日前市场 t 时段统一结算点电价或者实时市场 t 时段统一结算点电价因为发电侧出清结果、上网电量等变化而变化了，此时不再修改日清正式账单，而是在月底统一计算电价变化对整个市场日前电费和实时电费的影响，计算出的差值由所有参加批发市场交易的主体（现货批发主体和售电公司）按照月度电量比例进行分摊。

批发主体的月度结算直接交易电费=合约电费+日前电费+实时电费+调平电费+价差调整电费。

合约电费$=\sum C_{合约,天}=\sum\left[\sum(Q_{合约,t}\times P_{合约,t})\right]$

日前电费$=\sum C_{日前结算,天}=\sum\left[\sum(Q_{日前结算,t}\times P_{日前统一,t})\right]$

实时电费$=\sum C_{实时结算,天}=\sum\left[\sum(Q_{实时结算,t}\times P_{实时统一,t})\right]$

调平电费$=Q_{调平用电}\times P_{实时月度加权}=(Q_{市场化}-\sum Q_{市场化,t})\times P_{实时月度加权}$

价差调整电费$=C_{价差调整}\times Q_{市场化,i}/\sum Q_{市场化,i}$

$C_{合约,天}$、$C_{日前结算,天}$、$C_{实时结算,天}$分别为主体每日结算的合约电费之和、日前电费之和、实时电费之和；$C_{价差调整}$为当月整个市场计算出的用户侧价差调整电费。

$Q_{市场化}$为主体月度市场化电量，即结算月 1 日 0 点至月末日 24 点之间的市场化电量，包括工商业用电量和变线损电量、$Q_{市场化,t}$为

主体实时市场 t 时段市场化用电量（即用户每 15 分钟实际使用的市场化电量）、$Q_{调平用电}$ 为主体月度市场化电量与累计 15 分钟实际用电量的差、$Q_{用电（市场化），i}$ 为某个批发主体 i 的月度市场化电量。

$P_{实时月度加权}$ 为省内实时市场月均价。

批发用户的月度结算直接交易电费=批发主体的月度直接交易电费 $\times Q_{市场化，户}/\sum Q_{市场化，户}$

$Q_{市场化，户}$ 为批发主体下某一批发用户的月度市场化电量。

（4）补差结算直接交易电费。

补差结算直接交易电费以批发用户为维度进行结算。

批发用户的补差结算的直接交易电费=$\sum$ 批发用户下各计量点的补差结算直接交易电费。

批发用户下各计量点的补差结算直接交易电费=批发用户下各计量点的月度结算直接交易电费−批发用户下各计量点的预结算直接交易电费

批发用户下各计量点的月度结算直接交易电费=批发用户的月度直接交易电费 $\times Q_{市场化，计量点}/\sum Q_{市场化，计量点}$

$Q_{市场化，计量点}$ 为批发用户下某一工商业计量点的月度市场化电量。

2. 不参与现货交易的批发用户

不参与现货交易的批发用户的月度结算电能电费以批发用户为维度进行结算。结算时需按照晋发改商品发〔2021〕479 号文规定执行峰谷电价。

月度结算的直接交易电费=电能电费+偏差电费。因非现货批发用户的电能电费和偏差电费结算原则，随偏差电量大小不同而不同，因此在结算电费之前，需确定偏差电量情况。

（1）月度市场化电量大于合约电量（正偏差用电）。

1）电量计算。

批发主体的合约电量分配原则进行：第一步是按照批发用户的月度市场化电量占该市场主体总市场化电量的比例分摊该批发主体的合约电量；第二步是按照批发用户下各工商业计量点的月度市场化电量占该批发用户总市场化电量比例分摊该批发用户的合约电量；第三步是按照计量点的峰、平、谷时段的月度市场化电量占该计量点总市场化电量比例分摊该计量点的合约电量。在电量电费结算时，各类电量均为整数，因此当计算过程中存在小数时，按照四舍五入原则取整，并在最大电量上进行调平处理。

$$Q_{合约内峰电量} = Q_{合约电量} \times Q_{月度峰电量} \div Q_{市场化}$$

$$Q_{合约内谷电量} = Q_{合约电量} \times Q_{月度谷电量} \div Q_{市场化}$$

$$Q_{合约内平电量} = Q_{合约电量} - Q_{合约内峰电量} - Q_{合约内谷电量}$$

$$Q_{正偏差峰电量} = Q_{月度峰电量} - Q_{合约内峰电量}$$

$$Q_{正偏差谷电量} = Q_{月度谷电量} - Q_{合约内谷电量}$$

$$Q_{正偏差平电量} = Q_{市场化} - Q_{月度峰电量} - Q_{月度谷电量}$$

$$Q_{偏差电量} = Q_{正偏差峰电量} + Q_{正偏差谷电量} + Q_{正偏差平电量}$$

$$Q_{月度平电量} = Q_{市场化} - Q_{月度峰电量} - Q_{月度谷电量}$$

$Q_{市场化}$、$Q_{月度峰电量}$、$Q_{月度谷电量}$、$Q_{月度平电量}$分别为用户月度市场化总用电量及峰时段、谷时段、平时段的市场化用电量。

$Q_{合约电量}$、$Q_{合约内峰电量}$、$Q_{合约内谷电量}$、$Q_{合约内平电量}$分别为用户中长期市场购买的合约电量及用户合约电量分解至峰时段、谷时段、平时段的合约电量。

$Q_{偏差电量}$、$Q_{正偏差峰电量}$、$Q_{正偏差谷电量}$、$Q_{正偏差平电量}$分别为用户总、峰时段、谷时段、平时段的月度的市场化电量与各时段分配的合约电量的差值。

2）电费计算。

直接交易电费=$Q_{合约内峰电量} \times (P_{合约} \times (1+\alpha_1)) + Q_{合约内谷电量} \times [P_{合约} \times (1-\alpha_2)] + Q_{合约内平电量} \times P_{合约}$

偏差电费=$Q_{正偏差峰电量} \times (P_{中长期加权均价} \times 1.1 \times (1+\alpha_1)) + Q_{负偏差谷电量} \times [P_{中长期加权均价} \times 1.1 \times (1-\alpha_2)] + Q_{正偏差平电量} \times (P_{中长期加权均价} \times 1.1)$

$P_{合约}$ 为用户中长期市场购买电量的合约加权均价、$P_{中长期加权均价}$ 为当月省内中长期交易合同的加权均价；

α_1、α_2 分别为峰、谷时段电价浮动比例，按照晋发改商品发〔2021〕479 号文规定分别为 60%、55%。

（2）月度市场化电量小于合约电量（负偏差用电）。

1）电量计算。

$Q_{偏差电量} = Q_{市场化} - Q_{合约电量}$

2）电费计算。

直接交易电费=$Q_{月度峰电量} \times [P_{合约} \times (1+\alpha_1)] + Q_{月度谷电量} \times [P_{合约} \times (1-\alpha_2)] + Q_{月度平电量} \times P_{合约}$

偏差电费=$Q_{偏差电量} \times P_{合约}$

晋发改商品发〔2021〕479 号文规定："每年冬、夏两季对大工业用户实时尖峰电价政策"。因不参与现货交易批发用户的交易类型只是 5G 普通低压，不属于大工业用户，因此非现货批发用户不会产生尖峰电费。以批发身份参与市场交易的电气化铁路牵引用电用户均为参与现货交易的批发用户，因此直接交易电费按照现货批发市场规则进行结算，不执行峰谷电价。

3.3.2　市场运营费用

山西省参与电力市场交易的批发用户的交易类型有普通、独立

储能、抽水蓄能、榆林供电局、5G 普通低压 5 类。目前交易类型
为普通的批发用户既可以参与中长期市场交易也可以参与现货市
场交易；交易类型为独立储能、抽水蓄能的批发用户暂时只可以参
与现货市场交易；榆林供电局和交易类型为 5G 普通低压的批发用
户只可以参与中长期市场交易。

参与现货交易的批发用户与零售用户一样，需承担辅助服务费
用、抽水蓄能容量电费、上网环节线损代理采购损益费用、电价交
叉补贴新增损益费用、趸售电价损益费用等系统运行费用，同时也
需按照《电力市场电费结算实施细则》规定，承担电能量费用之外
的调节费用即市场运营费用。

批发用户结算的市场运营费用，按照费用类型可分成：成本补
偿类、市场平衡类、市场调节类、运行监测类四类费用。按照费用计
算方式可分为考核类、分摊类、返还类三类费用，详细信息见表 3-9。

表 3-9　　　　　　　　批发用户市场运营费用分类表

一级分类	二级分类	计算方式	计算交易类型范围	计算方式类型
成本补偿类	机组启动补偿费用	按月分摊	普通、互动响应虚拟电厂	分摊类
	必开机组补偿费用	按月分摊	普通、互动响应虚拟电厂	分摊类
	调频量价补偿费用	按月分摊	普通、互动响应虚拟电厂	分摊类
市场平衡类	市场结构平衡费用	按月分摊	普通、互动响应抽水蓄能、虚拟电厂	分摊类
	阻塞平衡费用	按月分摊	普通、互动响应抽水蓄能、虚拟电厂	分摊类
市场调节类	火电中长期缺额回收返还费用	按月分摊	普通、互动响应	返还类

一级分类	二级分类	计算方式	计算交易类型范围	计算方式类型
市场调节类	用户侧超额获利回收费用	按日按小时考核	普通、互动响应	考核类
	用户侧超额获利回收返还费用	按月分摊	普通、互动响应	返还类
	用户侧中长期缺额回收费用	按月考核按旬按小时考核	普通、互动响应、虚拟电厂	考核类
	用户侧中长期缺额回收返还费用	按月分摊	普通、互动响应、虚拟电厂	返还类
	用户侧中长期超额申报回收费用	按月考核按月按小时考核	普通、互动响应、虚拟电厂	考核类
	用户侧中长期超额申报回收返还费用	按月分摊	普通、互动响应、虚拟电厂	返还类
	用户侧中长期曲线偏差回收费用	按日按小时考核	普通、互动响应、虚拟电厂	考核类
	用户侧中长期曲线偏差回收返还费用	按月分摊	普通、互动响应、虚拟电厂	返还类
运行检测类	第三方运行监测费	按月分摊	普通、互动响应、虚拟电厂	分摊类

1. 按交易类型分类

目前，山西参与现货交易的批发用户的交易类型有普通、抽水蓄能、独立储能 3 种。

（1）交易类型为普通的批发用户：市场运营费用包括机组启动补偿费用、必开机组补偿费用、调频量价补偿费用、市场结构平衡费用、阻塞平衡费用、用户侧超额获利回收费用、用户侧中长期缺额回收费用、用户侧中长期超额申报回收费用、用户侧中长期曲线偏差回收费用、火电中长期缺额回收返还费用、用户侧超额获利回收返还费用、用户侧中长期缺额回收返还费用、用户侧中长期超额申报回收返还费用、用户侧中长期曲线偏差回收返还费用共 14 项。

（2）交易类型为抽水蓄能的批发用户：按照《山西省电力市场规则汇编》——《电力现货市场实施细则》关于抽水蓄能电站暂不参与中长期市场，需参与市场平衡类费用的分摊与返还的规定，抽水蓄能批发用户结算的市场运营费用包括市场结构平衡费用、阻塞平衡费用共 2 项。

（3）交易类型为独立储能的批发用户：按照《电力现货市场实施细则》关于初期，储能暂不参与中长期市场和市场运营费用的分摊的规定，独立储能批发用户结算的电费中不含市场运营费用。

2. 按计算方法分类

各类市场运营费用结算以市场主体为维度，采用"月度结算"方式进行。批发主体月度结算的市场运营费用，先按批发用户的月度市场化电量占该批发主体总市场化电量的比例分摊至批发用户，再按批发用户下各工商业计量点的月度市场化电量占该批发用户总市场化电量比例分摊至计量点。各计量点分摊的市场运营费用随与批发用户的补差电能电费一并发行。

批发用户结算的市场运营费用=批发主体承担的市场运营费用×$Q_{\text{市场化, 户}}/\sum Q_{\text{市场化, 户}}$

批发用户下工商业计量点结算的市场运营费用=批发用户承担的市场运营费用×$Q_{\text{市场化, 计量点}}/\sum Q_{\text{市场化, 计量点}}$

$Q_{\text{市场化, 户}}$ 为批发主体下某一批发用户的月度市场化电量、$Q_{\text{市场化, 计量点}}$ 为批发用户下某一工商业计量点的月度市场化电量。

（1）分摊类市场运营费用计算方法。

分摊类市场运营费用包括：机组启动补偿费用、必开机组补偿费用、调频量价补偿费用、市场结构平衡费用、阻塞平衡费用、第三方运行监测费用共 6 项，计算方法均是按照参与现货交易批发主体的用电量或现货正偏差电量占对应市场总体电量的比例进行计算。

1）机组启动补偿费用。

$$C_{机组启动补偿费用, i} = C_{启动补偿分摊} \times Q_{市场化, i} / \sum Q_{市场化, i}$$

$C_{启动补偿分摊}$ 为售电公司和批发主体（不含独立储能、抽水蓄能用户）应分摊的总机组启动补偿费用。

$Q_{市场化, i}$ 为某个批发主体（不含独立储能、抽水蓄能用户）或售电公司的月度市场化电量。

2）必开机组补偿费用。

$$C_{必开机组补偿分摊, i} = C_{必开机组补偿分摊} \times Q_{现货, i} / \sum Q_{现货, i}$$

$$Q_{现货, i} = \sum Q_{日前结算, t} + \sum Q_{实时结算, t} (\sum Q_{日前结算, t} \geqslant 0, \sum Q_{实时结算, t} \geqslant 0)$$

$C_{必开机组补偿分摊}$ 为售电公司和批发主体（不含独立储能、抽水蓄能用户）应分摊的总必开机组补偿费用。

$Q_{现货, i}$ 为某个批发主体（不含独立储能、抽水蓄能用户）或售电公司的现货正偏差电量。

3）调频量价补偿费用。

$$C_{调频补偿分摊, i} = C_{调频补偿分摊} \times Q_{市场化, i} / \sum Q_{市场化, i}$$

$C_{调频补偿分摊}$ 为售电公司和批发主体（不含独立储能、抽水蓄能用户）应分摊的总调频量价补偿费用。

$Q_{市场化, i}$ 为某个批发主体（不含独立储能、抽水蓄能用户）或售电公司的月度市场化电量。

4）市场结构平衡费用。

$$C_{市场结构平衡分摊, i} = C_{市场结构平衡分摊} \times Q_{市场化, i} / \sum Q_{市场化, i}$$

$C_{市场结构平衡分摊}$ 为售电公司和批发主体（不含独立储能用户）应分摊的总市场结构平衡费用。

Q 市场化, i 为某个批发主体（不含独立储能用户）或售电公司的月度市场化电量。

5）阻塞平衡费用。

$$C_{阻塞平衡分摊, i}=C_{阻塞平衡分摊}\times Q_{市场化, i}/\sum Q_{市场化, i}$$

C 阻塞平衡分摊 为售电公司和批发主体（不含独立储能用户）应分摊的总阻塞平衡费用。

Q 市场化, i 为某个批发主体（不含独立储能用户）或售电公司的月度市场化电量。

6）第三方运行监测费用。

$$C_{运行监测分摊, i}=C_{运行监测分摊}\times Q_{市场化, i}/\sum Q_{市场化, i}$$

C 运行监测分摊 为售电公司和批发主体（不含独立储能用户）应分摊的总第三方运行监测费用月度分摊费用。

Q 市场化, i 为某个批发主体（不含独立储能用户）或售电公司的月度市场化电量。

（2）考核类市场运营费用计算方法。

考核类市场运营费用包括：用户侧超额获利回收费用、用户侧中长期缺额回收费用、用户侧中长期超额申报回收费用、用户侧中长期曲线偏差回收费用共 4 项，各项费用的计算方法是按照《电力市场电费结算实施细则》规定执行。当各项考核类费用按照规则计算的考核电费为负时，按 0 考核。抽水蓄能、独立储能批发用户不计算考核类市场运营费用。

1）用户侧超额获利回收费用。

用户侧超额获利回收费用是按日按小时按计算。具体计算方法是批发主体每小时的实际用电量与日前申报电量比较，超过允许偏差范围时，超出部分的收益按照实时市场与日前市场小时均价的价差进行回收。允许正负偏差的范围是 10%（随政策变化而变化），即以每日每小时的实际用电量为基准，日前申报电量在实际用电量的 110% 和 90% 范围内波动的不回收，超过实际用电量的 110% 和 90% 范围的进行回收。

当 $Q_{日前,h} > Q_{市场化,h} \times (1+10\%)$，且 $P_{实时统一,h} > P_{日前统一,h}$ 时，

用户侧超额获利回收费用 $= \sum [Q_{日前,h} - Q_{市场化,h} \times (1+10\%)] \times (P_{实时统一,h} - P_{日前统一,h})$

当 $Q_{日前,h} < Q_{市场化,h} \times (1-10\%)$，且 $P_{实时统一,h} < P_{日前统一,h}$ 时，

用户侧超额获利回收费用 $= \sum [(Q_{市场化,h} \times (1-10\%)) - Q_{日前,h}] \times (P_{日前统一,h} - P_{实时统一,h})$

$Q_{日前,h}$ 为主体日前市场申报的 h 时段需求电量、$Q_{市场化,t}$ 为主体实时市场 h 时段市场化用电量（h 为小时，每小时为累加 4 个 t 时段的量）。

$P_{实时统一,h}$ 为实时市场 h 时段统一结算点电价；$P_{日前统一,h}$ 为日前市场 h 时段统一结算点电价。

2）用户侧中长期缺额回收费用。

用户侧中长期缺额回收费用按旬按小时计算。当主体多月及以上交易净买入电量分解至当旬的电量、新能源双边成交买入电量分解至当旬的电量、月度交易集中竞价阶段申报电量分解至当旬的电量、旬分时交易集中竞价阶段申报电量之和低于当旬实际用电量的 90% 时，缺额部分电量按照月度和旬中长期分时交易该时段当月加权均价与相应时段当月现货日前市场用户侧统一结算点加权均价的差价的 1.5 倍进行回收。

当 $Q_{多月及以上净买入,h} + Q_{新能源双边,h} + Q_{月集中申报,h} + Q_{旬集中申报,h} < 0.9 \times Q_{用电,旬,h}$，且 $P_{中长期分时,月,旬,h} > P_{日前月度,h}$ 时，

用户侧中长期缺额回收费用=$\sum$（$0.9 \times Q_{用电,旬,h}-Q_{多月及以上净买入,h}-Q_{新能源双边,h}-Q_{月集中申报,h}-Q_{旬集中申报,h}$）$\times$（$P_{中长期分时,月,旬,h}-P_{日前月度,h}$）$\times 1.5$

$Q_{多月及以上净买入,h}$为主体对应时段多月及以上交易净买入电量分解至当旬的电量、$Q_{新能源双边,h}$为主体对应时段与新能源双边成交买入电量分解至当旬的电量、$Q_{月集中申报,h}$为月度交易集中竞价阶段申报电量分解至当旬对应时段的电量、$Q_{旬集中申报,h}$为旬分时交易集中竞价阶段申报电量分解至当旬对应时段的电量、$Q_{用电,旬,h}$为主体当旬对应时段的市场化用电量。

$P_{日前月度,h}$为当月对应时段省内现货日前市场用户侧统一结算点加权均价、$P_{中长期分时,月,旬,h}$为月度和旬中长期分时交易相应时段当月加权均价。

3）用户侧中长期超额申报回收费用。

用户侧中长期缺额回收费用按非分时和分时考核分别进行结算。

非分时考核。用户侧中长期超额申报回收非分时费用按月计算。当主体通过年度、季度交易方式交易成交电量之和分解至月度的电量超过超出当月实际用电量60%时，超过的电量按照现货日前市场所有时段当月用户侧统一结算点加权均价与多月及以上中长期普通交易所有时段加权均价的差价的1.2倍进行回收。

当$P_{日前月度加权}>P_{多月及以上普通交易}$，且$Q_{多月及以上交易,月}>Q_{用电（市场化）}\times 0.6$时，

用户侧中长期超额申报回收非分时费用=（$Q_{多月及以上交易,月}-Q_{市场化}\times 0.6$）$\times$（$P_{日前月度加权}-P_{多月及以上普通交易}$）$\times 1.2$

$Q_{多月及以上交易,月}$为多月及以上交易成交电量之和分解至月度的成交电量；

P 日前月度加权为省内日前市场月均价、P 多月及以上普通交易为多月及以上中长期普通交易所有时段加权均价。

分时考核。用户侧中长期超额申报回收分时费用按月按小时计算。当月度和各旬超额回收电量的总加值与该主体旬及以上交易当月总净买入电量的较小值，按照现货日前市场该时段当月用户侧统一结算点加权均价与相应时段月度和旬中长期分时交易加权均价的差价的 1.2 倍进行回收。

用户侧中长期超额申报回收分时费用=$\sum\min\big[(Q$ 用户月集中竞价超额电量, 月, h+$\sum Q$ 用户旬集中竞价超额电量, 旬, $h)$, $(Q$ 总净买入电量, 月, $h)\big]\times(P$ 日前月度, h−P 中长期分时, 月, 旬, $h)\times1.2$

Q 用户月集中竞价超额电量, 月, h=月集中竞价相应时段申报电量−（当月相应时段实际用电量×1.5−多月及以上火电交易分解至当月相应时段净买入电量−新能源双边交易分解至当月相应时段净买入电量×0.8）×α, α 暂定为 1.2;

Q 用户旬集中竞价超额电量, 旬, h=当旬集中竞价相应时段申报电量−（当旬相应时段实际用电量×1.5−多月及以上火电交易分解至当旬相应时段净买入电量−月度火电交易分解至当旬相应时段净买入电量−新能源双边交易分解至当旬相应时段净买入电量×0.8）×α, α 暂定为 1.2。

Q 总净买入电量, 月, h 为主体对应时段旬及以上交易当月总净买入电量。

P 日前月度, h 为当月对应时段省内现货日前市场用户侧统一结算点加权均价、P 中长期分时, 月, 旬, h 为月度和旬中长期分时交易该时段当月加权均价。

在计算过程中，每一项电量均不能为负数，当出现负数时，按

0 计算。

用户侧中长期超额申报回收费用=用户侧中长期超额申报回收非分时费用+用户侧中长期超额申报回收分时费用。

4）用户侧中长期曲线偏差回收费用。

用户侧中长期曲线偏差回收费用，分正偏差考核和负偏差考核，且均为按日按小时计算。

正偏差考核。用户侧中长期曲线正偏差回收费用，是当主体现货运行日每小时中长期净合约电量超过实际用电量的 120%时，超过电量，按照日前市场相应时段当月加权均价与当月各批次普通交易的相应时段加权均价的 0.9 倍的差价进行全额回收。

当 $Q_{中长期,h}>120\%\times Q_{市场化,h}$，且 $P_{日前月度,h}>0.9\times P_{普通交易,h}$时，

用户侧中长期曲线正偏差回收费用=（$Q_{中长期,h}-120\%\times Q_{市场化,h}$）×（$P_{日前月度,h}-0.9\times P_{普通交易,h}$）

$Q_{中长期,h}$ 为主体现货运行日相应 h 时段中长期净合约电量、$Q_{市场化,h}$ 为主体实时市场 h 时段市场化用电量。

$P_{日前月度,h}$ 为当月对应时段省内现货日前市场用户侧统一结算点加权均价、$P_{普通交易,h}$ 为当月各批次普通交易的相应时段加权均价。

负偏差考核。用户侧中长期曲线负偏差回收费用，是当主体现货运行日每小时中长期净合约电量少于实际用电量的 70%时，负偏差电量，按照当月各批次普通交易的相应时段加权均价的 1.1 倍与日前市场相应时段当月加权均价的差价进行全额回收。若旬滚动撮合交易中存在某时段用户侧挂牌价格已至价格上限，且在交易结束前 15 分钟至结束仍有未成交量，则所有批发主体和售电公司当旬该时段每日的用户侧中长期曲线负偏差回收费用均不计算，即为 0。

当 $Q_{中长期,h}<70\%\times Q_{市场化,h}$，且 $1.1\times P_{普通交易,h}>P_{日前月度,h}$时，

用户侧中长期曲线负偏差回收费用=（70%×$Q_{市场化,\ h}$－$Q_{中长期,\ h}$）×（$1.1×P_{普通交易,\ h}$－$P_{日前月度,\ h}$）

用户侧中长期曲线偏差回收费用=用户侧中长期曲线正偏差回收费用+用户侧中长期曲线负偏差回收费用。

（3）返还类市场运营费用计算方法。

返还类市场运营费用包括：火电中长期缺额回收返还费用、用户侧超额获利回收返还费用、用户侧中长期缺额回收返还费用、用户侧中长期超额申报回收返还费用、用户侧中长期曲线偏差回收返还费用共5项。计算方法均是按照参与现货交易主体的用电量或省内旬及以上中长期普通交易的总成交电量占对应市场总体电量的比例进行计算。返还类市场运营费用不向抽水蓄能、独立储能批发市场主体返还。

1）火电中长期缺额回收返还费用。

$C_{火电中长期缺额返还,\ i}=C_{火电中长期缺额返还}×Q_{中长期旬及以上分时,\ i}/\sum Q_{中长期旬及以上分时（用电）,\ i}$

$C_{火电中长期缺额返还}$为批发主体应返还的总火电中长期缺额回收返还费用。

$Q_{中长期旬及以上分时,\ i}$为某个售电公司或批发主体当月省内旬及以上中长期普通交易的总净成交电量。

2）用户侧超额获利回收返还费用。

$C_{用户侧超额获利回收返还,\ i}=C_{用户侧超额获利回收返还（用电）}×Q_{市场化,\ i}/\sum Q_{市场化,\ i}$

$C_{用户侧超额获利回收返还}$为售电公司或批发主体应返还的总用户侧超额获利回收返还费用。

$Q_{市场化,\ i}$为某个售电公司或批发主体的月度市场化电量。

3）用户侧中长期缺额回收返还费用。

$C_{中长期缺额返还,\ i}=C_{中长期缺额非战新返还}×Q_{中长期旬及以上分时,\ i}/\sum Q_{中长期旬及以上分时,\ i}$

C 中长期缺额返还为售电公司或批发主体应返还的总用户侧中长期缺额回收返还费用。

4）用户侧中长期超额申报回收返还费用。

C 中长期超额申报返还,i＝C 中长期超额申报×Q 市场化,i/$\sum Q$ 市场化,i

C 中长期超额申报为售电公司或批发主体应返还的总用户侧中长期超额申报回收返还费用。

5）用户侧中长期曲线偏差回收返还费用。

C 中长期曲线偏差返还,i＝C 中长期曲线偏差返还×Q 市场化,i/$\sum Q$ 市场化,i

C 中长期曲线偏差返还为售电公司或批发主体应返还的总用户侧中长期曲线偏差回收返还费用。

批发市场主体的市场运营费用=分摊类市场运营费用+考核类市场运营费用+返还类市场运营费用。其中，分摊类和考核类市场运营费用为向用户收取，结算时为正电费；返还类市场运营费用为向用户支付，结算时为负电费。

3.3.3　削峰填谷辅助服务分摊费用

参与电力市场交易的批发用户（不含抽水蓄能、独立储能），无论是否参与现货交易，均应承担削峰填谷辅助服务分摊费用。与市场运营费用一样，削峰填谷辅助服务分摊费用也是以主体为维度，采用"月度结算"方式进行结算。月度结算的削峰填谷辅助服务分摊费用，先批发用户的月度市场化电量占该批发主体总市场化电量的比例分摊至批发用户上，再按批发用户下各工商业计量点的月度市场化电量占该批发用户总市场化电量比例分摊至计量点。各计量点分摊的削峰填谷辅助服务分摊费用随批发用户的补差电能电费一并发行。

$$削峰填谷辅助服务分摊费用 = \frac{Q_{市场化}}{Q_{m,total} - Q_n} \times \frac{Q_{m,total} - Q_n}{Q_{m,total}} \times$$

$$C_{m,total} \times \mu$$

$$\mu = \begin{cases} (Q_{1.\,total} \times \eta) / Q_{1\,new.total}, (Q_{1.\,total} \times \eta) / Q_{1.\,new.total} < 1 \\ 1, (Q_{1.\,total} \times \eta) / Q_{1\,nev.total} \geq 1 \end{cases}$$

$Q_{市场化}$ 为主体月度市场化电量、$Q_{m,total}$ 为当月全社会总用电量、Q_n 为当月全社会非市场化电量、$Q_{1.total}$ 为上一年度全社会总用电量、$Q_{1.new.total}$ 为上一年度新能源实际总消纳电量、η 为上一年度山西省非水可再生能源消纳权重目标。

从 μ 的计算公式可以确定，μ 以自然年为维度进行计算，同一自然年内执行同一个值。

3.3.4 力调电费

与零售用户一样，自 2023 年 6 月 1 日起，除政府性基金及附加、基础电费外，批发用户结算的其他费用均参与力调电费计算。力调电费计算以批发用户为维度进行结算。因批发用户的直接交易电费采用"日清结算+预结算+月度结算+补差结算"模式，市场运营费用、削峰填谷辅助服务分摊费用采用"月度结算"模式结算，且以上 3 类费用均参与力调电费计算，因此力调电费也是以批发用户为维度，采用"预结算+补差结算"模式进行结算。

1. 预结算力调电费

预结算力调电费=直接交易电费×功率因数调整系数+上网环节线损费用×功率因数调整系数+输配电费×功率因数调整系数+系统运行费用×功率因数调整系数

2. 补差结算力调电费

补差结算力调电费=补差结算直接交易电费×功率因数调整系数+市场运营费用电费×功率因数调整系数+削峰填谷辅助服务分摊费用×功率因数调整系数。

4 代理购电用户电费结算体系

4.1 代理购电用户电费构成

国家发展改革委《关于进一步深化燃煤发电上网电价市场化改革的通知》（发改价格〔2021〕1439号）规定对暂未直接从电力市场购电的用户由电网企业代理购电。因此未直接从电力市场购电的（包括批发用户和由售电公司代理参与电力市场交易的零售用户），由电网企业代理购电，称为代理购电用户。

与零售用户一样，代理购电用户结算电费包括上网电费（也称交易电费）、上网环节线损费用、输配电费、输配容（需）量电费、系统运行费用、政府性基金及附加费用、力调电费。

代理购电用户除交易电费结算规则与零售用户有所不同外，其余电费结算规则与执行电价与零售用户一样。

按照国家发展改革委办公厅《关于组织开展电网企业代理购电工作有关事项的通知》（发改价格〔2021〕809号）和山西省发展改革委《关于贯彻落实国家发展改革委关于进一步深化燃煤发电上网电价市场化改革 组织开展电网企业代理购电工作有关事项的通知》（晋发改商品发〔2021〕457号）文件规定，已直接参与市场交易在无正当理由情况下改由电网企业代理购电等特殊用户执行 1.5 倍代理购电电价，该类用户称为 1.5 倍代理购电用户。

在电费结算时，代理购电用户结算的交易电费包括电网代购购电电费和基础电费；1.5 倍代理购电用户结算的交易电费包括电网代购购电电费、惩罚电费（电网代购退市代购）和基础电费。

总结：代理购电用户结算电费=交易电费+上网环节线损费用+输配电费+系统运行费用+政府性基金及附加+力调电费=（电网代购购电电费+基础电费）+上网环节线损费用+（输配电量电费+输配容（需）电费）+（抽水蓄能容量电费+上网环节线损代理采购损益费用+电价交叉补贴新增损益费用+趸售电价损益费用+辅助服务费用+自动发电控制辅助服务补偿费用+煤电容量电费分摊费用）+（国家重大水利工程建设基金+可再生能源电价附加+大中型水库移民后期扶持资金+农网还贷资金）+力调电费。

1.5 倍代理购电用户结算电费=交易电费+上网环节线损费用+输配电费+系统运行费用+政府性基金及附加+力调电费=（电网代购购电电费+惩罚电费+基础电费）+上网环节线损费用+［输配电量电费+输配容（需）电费］+（抽水蓄能容量电费+上网环节线损代理采购损益费用+电价交叉补贴新增损益费用+趸售电价损益费用+辅助服务费用+自动发电控制辅助服务补偿费用+煤电容量电费分摊费用）+（国家重大水利工程建设基金+可再生能源电价附加+大中型水库移民后期扶持资金+农网还贷资金）+力调电费。

4.2 代理购电用户执行电价

4.2.1 与零售用户执行电价的差异

与零售用户相比，代理购电用户与零售用户除执行的交易电价不同外，其他电价执行与零售用户一致，详见本书"2.3 零售用户执行电价"。代理购电用户的交易电价包括电能电价和目录电价。目录电价与零售用户下存在的居民生活和农业生产用电执行的目录电价一致，详见本书"2.3.1.3 目录电价"。

4.2.2 代理购电价格

代理购电价格包括当月平均上网电价和历史偏差电费折价。

4.2.2.1 当月平均上网电价

当月平均上网电价是指电网企业预测下一个月代理工商业用户购电的上网电价水平，在考虑电力电量平衡基础上，按照各类电源报量报价上网电量和市场化采购电量的加权均价测算确定。

4.2.2.2 历史偏差电费折价

历史偏差电费折价=偏差电费总额/下一个月预测的代理购电电量。

偏差电费总额指电网企业预测的代理工商业用户购电电量与代理工商业用户实际用电量发生的偏差电量结算费用总额。代理购电产生的偏差电量，在山西省电力现货市场运行期间，按照现货市场价格结算，非现货市场运行期间，按最近一次、最短周期的场内集中竞价出清价格结算。

表 4-1 是 2023 年 12 月 28 日，网上国网上公布的 2024 年 1 月，国网山西省电力公司代理购电价格表。工商业代理购电价格=当月平均上网电价+历史偏差电费折价=0.351216+（−0.001242）=0.349974 元/千瓦时。

4.2.2.3 峰谷电价

晋发改商品发〔2021〕457 号文规定：电网企业代理购电用户用电价格暂按山西省分时电价政策规定的峰谷时段及浮动比例执

表 4-1 　　　　　　　　　　　　**代理购电价格表**

国网山西省电力公司电网代理购电价格表
（执行时间：2024 年 1 月 1 日至 2024 年 1 月 31 日）

单位：万千瓦时、元/千瓦时

名称	序号	明细	计算关系	数值
电量	1	工商业代理购电量	1=2+3	298403.69
	2	优先发电上网电量	2	143026.82
	3	市场交易采购上网电量	3	155376.87
电价	4	工商业代理购电价格	4=5+6	0.349974
	5	当月平均上网电价	5	0.351216
	6	历史偏差电费折价	6	−0.001242
	7	上网环节线损费用折价	7	0.012814
	8	系统运行费用折价	8=9+10+11+12+13+14	0.026880
	9	抽水蓄能容量电费折价	9	0.002455
	10	上网环节线损代理采购损益折价	10	0.000390
	11	电价交叉补贴新增损益折价	11	0.008823
	12	趸售电价损益折价	12	0.000938
	13	煤电容量电费折价	13	0.014274
	14	助服务费用折价	14	

注 1.直接参与市场交易的用户，按照与电网企业代理购电用户相同的标准承担上网环节线损费用、系统运行费用。

2.企业自备电厂（余热、余气、余压自备电厂除外）自发自用电量按照与电网企业代理购电用户相同的标准承担系统运行费用。

行，随报量报价优先发电电量市场情况，逐步过渡到按市场规则申报用电曲线及分时段电量电价。其中偏差电费、保障居民农业用电价格稳定新增损益、代理购电新增线损损益、辅助服务费用、基本电费、政府性基金不参与浮动。2023 年 6 月 1 日，第三轮输配电价实施后，代理购电电价中取消了保障居民农业用电价格稳定新增损益、代理购电新增线损损益，新增了上网环节线损费用折价、系统运行费用折价。按照晋发改商品发〔2021〕166 号文规定，上网环节线损费用折价、输配电价、系统运行费用折价、政府性基金及附加不参与峰谷分时电价浮动。

4.2.2.4 电价计算

电量电价=代理购电价格+上网环节线损费用折价+电量输配电价+系统运行费用折价+政府性基金及附加。

分时电量电价=当月平均上网电价×峰谷浮动比例+历史偏差电费折价+上网环节线损费用折价+电量输配电价+系统运行费用折价+政府性基金及附加。

表 4-2 是 2023 年 12 月 28 日，网上国网上公布的 2024 年 1 月，国网山西省电力公司代理购电工商业用户电价表，其中历史偏差电费折价为−0.001242 元/千瓦时。举例说明两部制、1～10（20）千伏代理购电用户的执行电价：

电量电价=0.53703675 元/千瓦时=0.349974+0.012814+0.104+0.026880+0.04336875 元/千瓦时。

平时段分时电量电价=电量电价=0.53703675 元/千瓦时。

高峰时段分时电量电价=Round（0.351216×1.6，6）−0.001242+0.012814+0.104+0.026880+0.04336875=0.74776675 元/千瓦时。

尖峰时段分时电量电价=Round（0.351216×1.6×1.2，6）−0.001242+0.012814+0.104+0.026880+0.04336875=0.86015575 元/千瓦时。

低谷时段分时电量电价=Round（0.351216×0.45，6）−0.001242+0.012814+0.104+0.026880+0.04336875=0.34386775 元/千瓦时。

4.2.3 1.5 倍代理购电价格

4.2.3.1 执行范围

根据晋发改商品发〔2021〕457 号文规定，执行 1.5 倍代理购电电价的用户包括：

表4-2

代理购电工商业用户电价表

国网山西省电力公司代理购电工商业用户电价表（执行时间：2024年1月1日至2024年1月31日）

用电分类		电压等级	电量电价（元/千瓦时）	代理购电电价格	其中				分时电量电价（元/千瓦时）				容（需）量电价	
					上网环节线损折价	电量输配电价	系统运行费用折价	政府性基金及附加	尖峰时段	高峰时段	平峰时段	低谷时段	需量电价（元/千瓦·月）	容量电价（元/千伏安·月）
工商业用电	单一制	不满1千伏	0.57863675		0.012814	0.145600	0.026880	0.04336875	—	0.78936675	0.57863675	0.38546775	—	—
		1-10（20）千伏	0.55863675		0.012814	0.125600	0.026880	0.04336875	—	0.76936675	0.55863675	0.36546775	—	—
		35千伏	0.54363675		0.012814	0.110600	0.026880	0.04336875	—	0.75436675	0.54363675	0.35046775	—	—
	两部制	1-10（20）千伏	0.53703675	0.349974	0.012814	0.104000	0.026880	0.04336875	0.86015575	0.74776675	0.53703675	0.34386775	36	22.5
		35千伏	0.50703675		0.012814	0.074000	0.026880	0.04336875	0.83015575	0.71776675	0.50703675	0.31386775	36	22.5
		110千伏	0.48203675		0.012814	0.049000	0.026880	0.04336875	0.80515575	0.69276675	0.48203675	0.28886775	33.6	21
		220千伏及以上	0.46203675		0.012814	0.029000	0.026880	0.04336875	0.78515575	0.67276675	0.46203675	0.26886775	33.6	21

注 1.代理购电价格根据当月预测购电成本等测算所得（详见《国网山西省电力公司电网代理购电价格表》）；输配电价由上表所列的电量输配电价、容（需）量电价，大中型水库移民后期扶持资金0.196875分钱，政府性基金及附加包含：重大水利工程建设基金0.196875分钱，大中型水库移民后期扶持资金0.24分钱，可再生能源电价附加1.9分钱，农网还贷资金2分钱。

2.分时电量电价在电量电价基础上根据晋发改商品发（2021）479号、晋发改商品发（2023）166号文件规定形成。时段划分：尖峰时段18:00—20:00（两部制用户每年1、7、8、12月份执行）、17:00—23:00，平峰时段7:00—8:00、13:00—17:00、23:00—24:00；低谷时段00:00—7:00，11:00—13:00。高峰时段8:00—11:00，17:00—23:00，浮动比例：高峰电价为平段电价上浮60%，低谷电价为平段电价下浮55%，尖峰电价在高峰电价基础上上浮20%。代理购电价格中历史偏差电费折价，继续按照晋发改商品发（2021）457号文件规定，不参与峰谷分时浮动。

（1）已直接参与市场交易（不含已在电力交易平台注册但未直接参与过市场交易的用户）在无正当理由情况下改由电网企业代理购电的用户。

（2）现执行保底电价由电网企业代理购电的用户。按照《电力中长期交易基本规则》（发改能源规〔2020〕889号）规定，现执行保底电价的用户是指无正当理由退市的电力用户。此类用户由为其提供输配电服务的电网企业承担保底供电责任，电网企业与电力用户交易的保底价格在电力用户缴纳输配电价的基础上，按照政府核定的目录电价的1.2～2倍执行。

（3）拥有燃煤发电自备电厂由电网企业代理购电的用户。

（4）暂不能直接参与市场交易由电网企业代理的高耗能用户。

（5）自愿选择执行1.5倍代理购电价格的用户。

电网企业代理执行1.5倍代理购电用户形成的增收收入纳入保障居民、农业用电价格稳定产生的新增损益统筹考虑。第三轮输配电价实施后，增收电费纳入系统运行费用中统筹考虑。

4.2.3.2　电价计算

1.5倍代理购电价格=1.5×代理购电价格

分时电量电价=（1.5倍代理购电价格-历史偏差电费折价）×峰谷浮动比例+历史偏差电费折价+上网环节线损费用折价+电量输配电价+系统运行费用折价+政府性基金及附加。

表4-3是2023年12月28日，网上国网上公布的2024年1月，国网山西省电力公司执行1.5倍代理购电价格工商业用户电价表，其中历史偏差电费折价为−0.001242元/千瓦时。举例说明两部制、1～10（20）千伏代理购电用户的执行电价：

1.5倍代理购电价格=0.524961元/千瓦时=1.5×0.349974。

表4-3

国网山西省电力公司执行1.5倍代理购电价格工商业用户电价表（执行时间：2024年1月1日至2024年1月31日）

用电分类		电压等级	电量电价（元/千瓦时）	代理购电价格	其中				分时电量电价（元/千瓦时）				需（容）量电价	
					上网环节线损折价	电量输配电价	系统运行费用折价	政府性基金及附加	尖峰时段	高峰时段	平时段	低谷时段	需量电价（元/千瓦·月）	容量电价（元/千伏安·月）
工商业用电	单一制	不满1千伏	0.75362375		0.012814	0.145600	0.026880	0.04336875	—	1.06934575	0.75362375	0.46421175	—	—
		1-10(20)千伏	0.73362375		0.012814	0.125600	0.026880	0.04336875	—	1.04934575	0.73362375	0.44421175	—	—
		35千伏	0.71862375		0.012814	0.110600	0.026880	0.04336875	—	1.03434575	0.71862375	0.42921175	—	—
	两部制	1-10(20)千伏	0.71202375	0.524961	0.012814	0.104000	0.026880	0.04336875	1.19613075	1.02774575	0.71202375	0.42261175	36.0	22.5
		35千伏	0.68202375		0.012814	0.074000	0.026880	0.04336875	1.16613075	0.99774575	0.68202375	0.39261175	36.0	22.5
		110千伏	0.65702375		0.012814	0.049000	0.026880	0.04336875	1.14113075	0.97274575	0.65702375	0.36761175	33.6	21.0
		220千伏及以上	0.63702375		0.012814	0.029000	0.026880	0.04336875	1.12113075	0.95274575	0.63702375	0.34761175	33.6	21.0

注 1. 对于已直接参与市场交易（不含已在电力交易平台注册但未直接参与过市场交易）的用户、现执行保底电价由电网企业代理购电的用户，拥有燃煤自备电厂由电网企业代理购电的用户，在无正当理由情况下改由电网企业代理购电的高耗能用户，代理购电价格按上表执行。

2. 输配电价由上表所列的电量输配电价、容（需）量电价构成；政府性基金及附加含：大水利工程建设基金0.196875分钱，大中型水库移民后期扶持资金0.24分钱，可再生能源电价附加1.9分钱，农网还贷资金2分钱。

3. 分时电量电价在电量电价基础上根据晋发改商品发（2021）479号、晋发改商品发（2023）166号文件规定形成。时段划分：尖峰时段18:00—20:00（两部制用户每年1、7、8、12月份执行）；高峰时段8:00—11:00、17:00—23:00；平时段7:00—8:00、13:00—17:00、23:00—24:00；低谷时段00:00—7:00、11:00—13:00。浮动比例：高峰电价为平段电价上浮60%，低谷电价为平段电价下浮55%，尖峰电价在高峰电价基础上上浮20%。代理购电价格中历史偏差电费折价，继续按照晋发改商品发（2021）457号文件规定，不参与峰谷分浮动。

电量电价=0.71202375 元/千瓦时=0.524961+0.012814+0.104+0.026880+0.04336875 元/千瓦时。

平时段分时电量电价=电量电价=0.71202375 元/千瓦时。

高峰时段分时电量电价=Round（（0.524961+0.001242）×1.6，6）−0.001242+0.012814+0.104+0.026880+0.04336875=1.02774575 元/千瓦时。

尖峰时段分时电量电价=Round（（0.524961+0.001242）×1.6×1.2，6）−0.001242+0.012814+0.104+0.026880+0.04336875

=1.19613075 元/千瓦时。

低谷时段分时电量电价=Round（（0.524961+0.001242）×0.45，6）−0.001242+0.012814+0.104+0.026880+0.04336875=0.42261175 元/千瓦时。

4.3　代理购电用户电费结算

因代理购电用户执行电价在上月月底就已经确定，且结算的电量为月度电量和峰、谷、平时段电量，因此代理购电用户的电费结算采用"月度结算"模式开展。

在电费结算过程中，代理购电用户与零售用户结算的交易电费略有不同外，输配电费、上网环节线损费用、系统运行费用、政府性基金及附加、力调电费结算规则与零售用户一致。同时代理购电用户结算的交易电费包括电网代购购电电费、惩罚电费（电网代购退市代购）和基础电费，其中基础电费结算规则与零售用户一致，具体详见本书"2.5 零售用户电费结算"部分。本节重点介绍电网代购购电电费和惩罚电费（电网代购退市代购）的计算原则。

4.3.1 代理购电用户电费结算

代理购电用户电费以用户为维度进行电费结算，并按晋发改商品发〔2021〕479 号文件规定执行峰谷电价。

1. 一般工商业用户（不含国家专门规定的电气化铁路牵引用电）

电网代购购电电费=$Q_{月度峰电量}×P_{代购峰}+Q_{月度谷电量}×P_{代购谷}+Q_{月度平电量}×P_{代购}$

$P_{代购峰}=P_{上网电价}×（1+α_1）+P_{偏差电费折价}$

$P_{代购谷}=P_{上网电价}×（1-α_2）+P_{偏差电费折价}$

$Q_{月度平电量}=Q_{代购}-Q_{月度峰电量}-Q_{月度谷电量}$

其中：$P_{上网电价}$、$P_{偏差电费折价}$、$P_{代购}$ 为网上国网公布的当月平均上网电价、历史偏差电费折价、代理购电价格；

$Q_{代购}$ 为用户月度代理购电电量，即结算月 1 日 0 点至月末 24 点之间的代理购电电量，包括工商业用电量和变线损电量；$Q_{月度峰电量}$、$Q_{月度谷电量}$、$Q_{月度平电量}$ 为用户月度峰时段、谷时段、平时段的代理购电电量；

$α_1$ 为峰电价上浮比例、$α_2$ 为谷电价下浮比例，按晋发改商品发〔2021〕479 号文规定分别为 60% 和 55%。

2. 大工业用户（不含国家专门规定的电气化铁路牵引用电）

（1）每年 1、7、8、12 月：

电网代购购电电费 = $Q_{月度尖峰电量}×P_{代购尖峰}+Q_{月度峰电量}×P_{代购峰}+Q_{月度谷电量}×P_{代购谷}+Q_{月度平电量}×P_{代购}$

$P_{代购尖峰}=P_{上网电价}×（1+α_1）×（1+α_3）+P_{偏差电折价}$

$Q_{月度平电量}=Q_{代购}-Q_{月度尖峰电量}-Q_{月度峰电量}-Q_{月度谷电量}$

其中：

α_3 为尖峰电价上浮比例，为 20%；

$Q_{月度尖峰电量}$ 为用户月度尖峰时段的代理购电电量。

（2）每年其余月份：

电网代购购电电费＝$Q_{月度峰电量}\times P_{代购峰}+Q_{月度谷电量}\times P_{代购谷}+Q_{月度平电量}\times P_{代购}$

3．国家专门规定的电气化铁路牵引用电

电网代购购电电费＝$Q_{代购}\times P_{代购}$

4.3.2　1.5 倍代理购电用户电费结算

1．一般工商业用户（不含国家专门规定的电气化铁路牵引用电）

电网代购购电电费＝$Q_{月度峰电量}\times P_{代购峰}+Q_{月度谷电量}\times P_{代购谷}+Q_{月度平电量}\times P_{代购}$

惩罚电费＝$Q_{月度峰电量}\times P_{惩罚峰}+Q_{月度谷电量}\times P_{惩罚谷}+Q_{月度平电量}\times P_{惩罚}$

$P_{惩罚峰}＝（P_{代购}\times 1.5-P_{偏差电费折价}）\times（1+\alpha_1）+P_{偏差电费折价}-P_{代购峰}$

$P_{惩罚谷}＝（P_{代购}\times 1.5-P_{偏差电费折价}）\times（1-\alpha_2）+P_{偏差电费折价}-P_{代购谷}$

$P_{惩罚}＝P_{代购}\times 1.5-P_{代购}$

2．大工业用户（不含国家专门规定的电气化铁路牵引用电）

（1）每年 1、7、8、12 月：

电网代购购电电费 ＝ $Q_{月度尖峰电量}\times P_{代购尖峰}+Q_{月度峰电量}\times P_{代购峰}+Q_{月度谷电量}\times P_{代购谷}+Q_{月度平电量}\times P_{代购}$

惩罚电费＝$Q_{月度尖峰电量}\times P_{惩罚尖峰}+Q_{月度峰电量}\times P_{惩罚峰}+Q_{月度谷电量}\times P_{惩罚谷}+Q_{月度平电量}\times P_{惩罚}$

$P_{惩罚尖峰}＝P_{上网电价}\times（1+\alpha_1）\times（1+\alpha_3）+P_{偏差电费折价}-P_{代购尖峰}$

$Q_{月度平电量}=Q_{代购}-Q_{月度尖峰电量}-Q_{月度峰电量}-Q_{月度谷电量}$

（2）每年其余月份：

电网代购购电电费$=Q_{月度峰电量}\times P_{代购峰}+Q_{月度谷电量}\times P_{代购谷}+Q_{月度平电量}\times P_{代购}$

惩罚电费$=Q_{月度峰电量}\times P_{惩罚峰}+Q_{月度谷电量}\times P_{惩罚谷}+Q_{月度平电量}\times P_{惩罚}$

（3）国家专门规定的电气化铁路牵引用电。

电网代购购电电费$=Q_{代购}\times P_{代购}$

惩罚电费$=Q_{代购}\times P_{惩罚}$

5 特殊用户电费结算体系

在山西电力市场改革过程中，抽水蓄能、独立储能、榆林供电局参与的电力市场、电费结算方式与直接参与电力市场交易的批发用户和零售用户有所不同。

5.1 抽水蓄能电站用户

5.1.1 交易方式

《电力现货市场实施细则》规定：抽水蓄能电站以"报量不报价"和调度机构"按需调用"相结合的方式参与现货市场。抽水蓄能电站需在现货市场申报截止前，按单机向调度机构申报次日 96 点的抽水和放电曲线，作为边界条件纳入现货市场出清，并作为现货市场价格接受者。当抽水蓄能电站的申报曲线与电网运行实际需求差异较大时，调度机构可按需调整抽水蓄能电站的充放电计划，并及时通知抽水蓄能电站。

5.1.2 执行电价

2021 年 4 月 30 日，国家发展改革委《关于进一步完善抽水蓄能价格形成机制的意见》（发改价格〔2021〕633 号）文规定：在电力现货运行的地方，抽水蓄能电站抽水电价、上网电价按现货市场价格及规则结算。抽水蓄能电站抽水电量不执行输配电价、不承担政府性基金及附加。

2023 年 5 月 11 日，国家发展改革委《关于抽水蓄能电站容量电价及有关事项的通知》（发改价格〔2021〕533 号）文核定的山西省抽水蓄能电站—西龙池装机容量 120 万千瓦时，容量电价 463.81 元/千瓦（含增值税）。

2023 年 5 月 30 日，山西省发展改革委《关于西龙池抽水蓄能电站容量电价及有关事项的通知》（晋发改商品发〔2021〕172 号）文规定：抽水电量不执行输配电价、不承担上网环节线损费用、系统运行费用、政府性基金及附加。

《电力现货市场实施细则》规定：抽水蓄能电站的抽水电量按照实时全网统一结算点电价结算。抽水蓄能电站暂不参与中长期市场，需参与市场平衡类费用的分摊与返还。

实时全网统一结算点电价为按日 96 点电价，形成了电价曲线，因此抽水蓄能电站的抽水电量结算交易电费时不执行峰谷浮动政策。

5.1.3　电费结算

本书重点介绍抽水电量电费结算。抽水电量结算的电费包括：交易电费、市场运营费用、力调电费。

抽水蓄能电站的抽水电量按照实时全网统一结算点电价结算，而在同期结算时，实时全网统一结算点电价未能确定，因此抽水蓄能电站抽水电量电费结算采用"预结算+月度结算+补差结算"模式。

5.1.3.1　预结算电费

因抽水蓄能电站不参与中长期市场交易，因此在电费预结算时，先按照批发市场中长期合约均价结算其交易电费和力调电费。

（1）预结算的直接交易电费=$Q_{市场化} \times P_{预结算电价}$。

$P_{预结算电价}$为批发市场中长期合约均价。与未参与中长期交易的批发用户执行的预结算电价一致，具体计算规则参考本书"3.2.2.3 电能电价，1.预结算电能电价"。

（2）预结算的力调电费=预结算的直接交易电费×力调系数。

预结算电费=预结算的直接交易电费+预结算的力调电费。

5.1.3.2　月度结算电费

（1）月度结算的直接交易电费=$\sum Q_{市场化,t} \times P_{实时统一,t}$。

（2）市场运营费用=阻塞平衡费用+市场结构平衡费用。

1）阻塞平衡费用。

$C_{阻塞平衡分摊,i} = C_{阻塞平衡分摊} \times Q_{市场化,i} / \sum Q_{市场化,i}$

$C_{阻塞平衡分摊,户} = C_{阻塞平衡分摊} \times Q_{市场化,户} / \sum Q_{市场化,户}$

$C_{阻塞平衡分摊}$为售电公司和批发主体（不含独立储能用户）应分摊的总阻塞平衡费用；$C_{阻塞平衡分摊,i}$、$C_{阻塞平衡分摊,户}$分别为某个批发主体、批发用户应分摊的阻塞平衡费用。

$Q_{市场化,i}$、$Q_{市场化,户}$为某个批发主体、批发用户的月度市场化电量。

2）市场结构平衡费用。

$C_{市场结构平衡分摊,i} = C_{市场结构平衡分摊} \times Q_{市场化,i} / \sum Q_{市场化,i}$

$C_{市场结构平衡分摊,户} = C_{市场结构平衡分摊} \times Q_{市场化,户} / \sum Q_{市场化,户}$

$C_{市场结构平衡分摊}$为售电公司和批发主体（不含独立储能用户）应分摊的总市场结构平衡费用；$C_{市场结构平衡分摊,i}$、$C_{市场结构平衡分摊,户}$分别为某个批发主体、批发用户应分摊的市场结构平衡费用。

月度结算电费=月度结算的直接交易电费+市场运营费用

5.1.3.3 补差结算电费

1. 交易电费补差电费

交易电费补差电费=月度结算的直接交易电费-预结算的直接交易电费

2. 力调补差电费

力调补差电费=交易电费补差电费×力调系数+阻塞平衡费用×力调系数+市场结构平衡费用×力调系数

补差电费=交易电费补差电费+市场运营费用+力调补差电费

5.2 独立储能用户

5.2.1 交易方式

《电力现货市场实施细则》规定：独立储能作为发电和用电的结合体，可以按月自主选择以"报量报价"或"报量不报价"的方式参与现货市场。

独立储能选择"报量报价"方式时，需自主决策申报充电状态的量价曲线（3-10 段，现货价格低于报价时充电）和放电状态的量价曲线（3-10 段，现货价格高于报价时放电），以及充放电运行上下限、存储电量状态 SOC 等。

独立储能选择"报量不报价"方式时，需在现货市场申报截止前，向调度机构申报次日 96 点充放电曲线，作为边界条件纳入现货市场出清，并作为现货市场价格接受者。

独立储能与其他市场主体同台竞争，其申报纳入市场出清，以经济最优为原则调用储能。

初期，独立储能暂时仅参与日前现货市场，执行日前现货市场出清形成的充放电计划，暂不参与中长期市场。

事故情况下或现货市场的出清结果不满足电网运行实际时，独立储能作为市场"价格接受者"，由调度机构按需调用安排充放电，保障电网安全和电力平衡。

5.2.2　执行电价

5.2.2.1　交易电价

《电力现货市场实施细则》规定：独立储能电站执行日前现货市场出清形成的充放电计划，并按照日前现货市场的分时节点电价进行结算。暂不参与中长期市场和市场运营费用的分摊。

日前现货市场的分时节点电价为按日 96 点电价，形成了电价曲线，因此独立储能电站的用电量结算的交易电费不执行峰谷浮动政策。

5.2.2.2　输配电价

2022 年 5 月 24 日，国家发展改革委、国家能源局综合司《关于进一步推动新型储能参与电力市场和调度运用的通知》（发改办运行〔2022〕475 号）文规定：独立储能电站向电网送电的，其相应充电电量不承担输配电价和政府性基金及附加。在电费结算过程中，依据上网电量占用电量的比例，退相应输配容（需）量电费。

独立储能用户结算的电费包括：交易电费、输配电费、上网环节线损费用、系统运行费用、政府性基金及附加、力调电费。输配电费和交易电费结算执行（发改办运行〔2022〕475 号）文和《电力现货市场实施细则》等文件规定外，其他电费结算时执行的电价与零售用户一致，详见"2.3 零售用户执行电价"相关部分。

5.2.3 电费结算

独立储能用户交易电费按照日前现货市场的分时节点电价和实时全网统一结算点电价结算，而在同期结算时，以上两个电价未能确定，同时同期结算时上网电量无法确定最终结算值，因此独立储能用户的电费结算采用"预结算+月度结算+补差电费结算"模式。

5.2.3.1 预结算电费

因独立储能用户不参与中长期市场交易，因此在电费预结算时，先按照批发市场中长期合约均价结算其交易电费和力调电费。

在预结算时，直接交易电费、输配电费、力调电费、政府性基金及附加为预结算电费，上网环节线损费用、系统运行费用为正式结算电费。

1. 直接交易电费

预结算的直接交易电费=$Q_{市场化} \times P_{预结算电价}$。

$P_{预结算电价}$为批发市场中长期合约均价。与未参与中长期交易的批发用户执行的预结算电价一致，具体计算规则参考本书"3.2.2.3电能电价，1.预结算电能电价"。

2. 输配电费

（1）输配电量电费。

预结算的输配电量电费=（$Q_{市场化} - Q_{预上网}$）$\times P_{输配电量电价}$。

$Q_{预上网}$为独立储能用户预结算的上网电量。

（2）输配容（需）量电费。

1）选择按容量计收输配容（需）量电费。

预结算的输配容（需）量电费 = $S_{容量} \times P_{容量电价} \times$（$1 - Q_{预上网}/Q_{市场化}$）。

168

2）选择按最大需量或合约需量计收输配容（需）量电费。

月每千伏安用电量计算：$Q_{月每千伏安用电量}$=（$Q_{用电}$－$Q_{不执行需量}$）/（$S_{合同}$－$S_{不执行需量}$）

当 $Q_{月每千伏安用电量}$小于 260 千伏安时：预结算的输配容（需）量电费=$Q_{需量}$×$P_{需量电价}$×（1－$Q_{预上网}$/$Q_{市场化}$）

当 $Q_{月每千伏安用电量}$大于等于 260 千伏安时：预结算的输配容（需）量电费=$Q_{需量}$×$P_{需量电价}$×0.9×（1－$Q_{预上网}$/$Q_{市场化}$）

预结算输配电费=预结算的输配电量电费+预结算的输配容（需）量电费。

3．上网环节线损费用

上网环节线损费用=$Q_{市场化}$×$P_{上网线环节损费用折价}$

4．系统运行费用

（1）抽水蓄能容量电费=$Q_{市场化}$×$P_{抽水蓄能容量电费折价}$。

（2）上网环节线损代理采购损益费用=$Q_{市场化}$×$P_{上网环节线损代理采购损益折价}$。

（3）电价交叉补贴新增损益费用=$Q_{市场化}$×$P_{电价交叉补贴新增损益折价}$。

（4）趸售电价损益费用=$Q_{市场化}$×$P_{趸售电价损益折价}$。

（5）辅助服务费用=$Q_{市场化}$×$P_{辅助服务费用折价}$。

（6）煤电容量电费分摊费用=$Q_{市场化}$×$P_{煤电容量电费折价}$。

（7）自动发电控制（AGC）辅助服务补偿费用=$Q_{市场化}$×$P_{AGC费用度电价格}$。

系统运行费用=抽水蓄能容量电费+上网环节线损代理采购损益费用+电价交叉补贴新增损益费用+趸售电价损益费用+辅助服务费用+煤电容量电费分摊费用+自动发电控制（AGC）辅助服务补偿费用。

5．政府性基金及附加

预结算的国家重大水利工程建设基金=（$Q_{用电（不含农业排灌用电、趸售用电等）}$－$Q_{预上网}$）×国家重大水利工程建设基金代征标准

预结算的可再生能源电价附加费用=（$Q_{用电（不含农业生产、趸售用电等）}$－$Q_{预上网}$）×可再生能源电价附加征收标准

预结算的大中型水库移民后期扶持资金=（$Q_{用电（不含农业生产用电、趸售用电等）}$－$Q_{预上网}$）×大中型水库移民后期扶持基金征收标准

预结算的农网还贷资金=（$Q_{用电（不含农业排灌、趸售用电、提黄灌溉用电等）}$－$Q_{预上网}$）×农网还贷资金征收标准

预结算的政府性基金及附加=预结算的国家重大水利工程建设基金+预结算的可再生能源电价附加费用+预结算的大中型水库移民后期扶持资金+预结算的农网还贷资金

6．力调电费

力调电费=直接交易电费×力调系数+输配电费×力调系数+上网环节线损费用×力调系数+系统运行费用×力调系数

6.1　月度结算电费

独立储能月度结算直接交易电费与参与现货交易的批发用户一致，只是独立储能用户暂不参与中长期交易，因此其结算的合约电量为0，相当于只结算日前电费和实时电费。

1．直接交易电费

月度结算的直接交易电费=日前电费+实时电费=$\sum Q_{日前,t} \times P_{日前统一,t} + \sum [(Q_{市场化,t} - Q_{日前,t}) \times P_{实时统一,t}]$

2．输配电费

（1）输配电量电费。

月度结算的输配电量电费=（$Q_{市场化}$-$Q_{上网}$）×$P_{输配电量电价}$

$Q_{上网}$为独立储能用户正式结算的上网电量。

（2）输配容（需）量电费。

1）选择按容量计收输配容（需）量电费。

月度结算的输配容（需）量电费=$S_{容量}$×$P_{容量电价}$×（$1-Q_{上网}/Q_{市场化}$）

2）选择按最大需量或合约需量计收输配容（需）量电费。

月每千伏安用电量计算：$Q_{月每千伏安用电量}$=（$Q_{用电}$-$Q_{不执行需量}$）/（$S_{合同}$-$S_{不执行需量}$）

当$Q_{月每千伏安用电量}$小于 260 千伏安时：月度结算的输配容（需）量电费=$Q_{需量}$×$P_{需量电价}$×（$1-Q_{上网}/Q_{市场化}$）。

当$Q_{月每千伏安用电量}$大于等于 260 千伏安时：月度结算的输配容（需）量电费=$Q_{需量}$×$P_{需量电价}$×0.9×（$1-Q_{上网}/Q_{市场化}$）。

月度结算的输配电费=月度结算的输配电量电费+月度结算的输配容（需）量电费。

3．政府性基金及附加

月度结算的国家重大水利工程建设基金=（$Q_{用电（不含农业排灌用电、趸售用电等）}$-$Q_{上网}$）×国家重大水利工程建设基金代征标准

月度结算的可再生能源电价附加费用=（$Q_{用电（不含农业生产、趸售用电等）}$-$Q_{上网}$）×可再生能源电价附加征收标准

月度结算的大中型水库移民后期扶持资金=（$Q_{用电（不含农业生产用电、趸售用电等）}$-$Q_{上网}$）×大中型水库移民后期扶持基金征收标准

月度结算的农网还贷资金=（$Q_{用电（不含农业排灌、趸售用电、提黄灌溉用电等）}$-$Q_{上网}$）×农网还贷资金征收标准

月度结算的政府性基金及附加=月度结算的国家重大水利工程建设基金+月度结算的可再生能源电价附加费用+月度结算的大中

型水库移民后期扶持资金+月度结算的农网还贷资金

6.2 补差结算电费

1. 交易电费补差电费

交易电费补差电费=月度结算的直接交易电费−预结算的直接交易电费

2. 输配电费补差电费

输配电费补差电费=月度结算的输配电费−预结算的输配电费

3. 政府性基金及附加

政府性基金及附加补差电费=月度结算的政府性基金及附加−预结算的政府性基金及附加

4. 力调补差电费

力调补差电费=交易电费补差电费×力调系数+输配电费补差电费×力调系数

补差电费=交易电费补差电费+输配电费补差电费+政府性基金及附加+力调补差电费

5.3 榆林供电局

5.3.1 交易方式

《电力市场电费结算实施细则》规定：不具备分时计量条件的低压用户、电信基站等（含售电公司代理），及榆林供电公司用电暂不直接参与现货市场。因此，目前榆林供电局只参与山西电力中长期市场交易。

5.3.2 执行电价

5.3.2.1 交易电价

榆林供电公司用电属于省外用电，按照照付不议、偏差结算原则进行结算，省电力公司实际供榆林电量与榆林购得的山西电力直接交易电量的偏差电量分为超用电量和少用电量，超用电量支付购电费用，少用电量获得售电收入。

（1）榆林直接交易电量为省电力公司实际供榆林电量 90%～110%的，偏差电量按照山西省内现货实时市场月度加权平均价结算。

（2）榆林直接交易电量低于省电力公司实际供榆林电量 90%的，或高于省电力公司实际供榆林电量 110%的。

1）省电力公司实际供榆林电量±10%及以内的偏差电量，按照山西省内现货实时市场月度加权平均价结算；

2）超出省电力公司实际供榆林电量±10%的偏差电量，超用电量部分按照山西省燃煤基准价的 120%及山西省内现货实时市场月度加权平均价孰高值结算，少用电量部分按照山西省燃煤基准价的 80%及山西省内现货实时市场月度加权平均价孰低值结算。

5.3.2.2 输配电价

按照国家及山西省关于输配电价的相关规定，榆林供电局执行单一制输配电价，即输配电量电价。

晋发改商品发〔2023〕553 号文规定，自 2021 年 1 月 1 日起，山西电网 500 千伏"网对网"外送电平均输电价格为每千瓦时不超过 0.0193 元（含税、含线损），最高不超过每千瓦时 0.03 元。具体标准、送受电主体和外送情况由省电力公司报山西省发展改革委备案后执行。2021、2022 年、山西省电力公司与榆林供电局约定的输配电价为 0.03 元/千瓦时。

晋发改商品发〔2023〕166 号文规定，自 2023 年 6 月 1 日起，110 千伏及以上"网对网"外送电省外购电用户承担的送出省输电价格为不超过每千瓦时 0.0274 元（含税、含线损）。

5.3.3 电费结算

榆林供电局结算的电费包括交易电费、输配电费和削峰填谷辅助服务分摊费用。榆林交易电费结算时需参照现货实时市场月度加权均价，而在同期结算时，该电价未能确定，因此榆林供电局的电费结算采用"预结算+月度结算+补差结算"模式。

5.3.3.1 预结算电费

因榆林供电局参与中长期市场交易，因此在电费预结算时，先按照其中长期合约均价结算其交易电费。

1. 直接交易电费

预结算的直接交易电费$=Q_{市场化} \times P_{预结算电价}$

$P_{预结算电价}$为榆林供电局中长期合约均价。与参与中长期交易的批发用户执行的预结算电价计算原则一致，具体计算规则参考本书"3.2.2.3 电能电价，1.预结算电能电价"。

2. 输配电费

预结算时，榆林供电局结算的输配电费即为最终正式结算的输配电费。

输配电费$=Q_{市场化} \times P_{输配电价}=Q_{市场化} \times 0.0274$

5.3.3.2 月度结算电费

1. 直接交易电费

（1）中长期合约电量＜（实际供榆林电量×0.9）。

直接交易电费=中长期合约电量×合约电价+（实际供榆林电量−0.9×实际供榆林电量）×现货实时市场月度加权平均价+（0.9×实际供榆林电量−中长期合约电量）×max（1.2×山西省燃煤基准电价，现货实时市场月度加权平均价）

（2）（实际供榆林电量×0.9）≤中长期合约电量≤（实际供榆林电量×1.1）。

直接交易电费=中长期合约电量×合约电价+（实际供榆林电量−中长期合约电量）×现货实时市场月度加权平均价

（3）（实际供榆林电量×1.1）＜中长期合约电量。

直接交易电费=中长期合约电量×合约电价+（实际供榆林电量−1.1×实际供榆林电量）×现货实时市场月度加权平均价+（1.1×实际供榆林电量−榆林直接交易电量）×min（0.8×山西省燃煤基准电价，现货实时市场月度加权平均价）

2. 削峰填谷辅助服务分摊费用

榆林供电局的削峰填谷辅助服务分摊费用的计算原则与批发用户一致，详见"3.2.3 削峰填谷辅助服务分摊费用"。

5.3.3.3 补差结算电费

交易电费补差电费=月度结算的直接交易电费−预结算的直接交易电费

补差电费=交易电费补差电费+削峰填谷辅助服务分摊费用

6 电量电费退补管理

在电力市场现货交易模式下，用户结算电量包括 96 点分时电量和月度电量，结算电价包括了中长期合约电价、现货出清电价以及零售市场主体套餐电价。在电量电费追补管理过程中，不同量价发生差错时，追补原则、追补结算电价也有所不同。

6.1 电量退补原则

6.1.1 分时电量退补原则

按照山西电力现货市场现行电量结算、公布时间规定，分时电量追补原则按照时间节点为维度进行确定。

1. $M+7$ 日（全月正式日清账单发布日前一天）之前发生的电量差错

（1）现场电能表中有 96 点示数，后续能够通过系统或掌机补采成功的用户：省级采集专业在 $M+7$ 日之前将补采的数据推送至对应中间库，省级核算专业根据推送示数重算分时电量，月度结算时按照重算后的分时电量进行结算，无须进行退补。

（2）现场电能表中有 96 点示数，但因业扩流程未归档导致分时电量差错的用户：地市业扩、核算等相关专业向省级对应专业提出电量重算申请，经核实通过后，省级核算专业根据申请获取采集系统相应时间的 96 点示数，并根据获取的示数重算分时电量，月度结算时按照重算后的分时电量进行结算，无须进行退补。

（3）现场表计中没有 96 点示数，但分时电量差错需更正的用户：能够还原分时示数的，地市计量、核算等相关专业向省级相应专业提出申请并提供《电量更正报告单》《现货分时采集示数确认单》（地市公司营销部、售电公司、电力用户签字盖章确认），经核实通过后，省级核算专业根据申请重算分时电量，月度结算时按照重算后的分时电量进行结算，无须进行追补。当无法还原分时示数时，地市计量、核算等相关专业向省级相应专业提出申请并提供《现货分时电量确认单》（地市公司营销部、售电公司、电力用户签字盖章确认），经核实通过后，根据申请退补分时电量。

2. $M+7$ 日（全月正式日清账单发布日前一天）之后发生的电量差错

（1）现场电能表中有 96 点示数，后续能够通过系统或掌机补采成功的用户：省级核算专业根据补采的示数重算分时电量，并以退补方式完成电量电费差错更正。

（2）现场电能表中有 96 点示数，但因业扩流程未归档导致分时电量差错的用户：地市业扩、核算等相关专业向省级相应专业提出电量重算申请，审核通过后，省级核算专业根据申请重算分时电量，并以退补方式完成电量电费更正。

（3）现场电能表中没有 96 点示数，但分时电量差错需更正的用户：地市计量、核算等相关专业向省级相应专业提出申请并提供《电量报告更正单》《现货分时采集示数确认单》或《现货分时电量确认单》（地市公司营销部、售电公司、电力用户签字盖章），经核实通过后，省级核算专业根据申请退补分时电量。

6.1.2 月度电量退补原则

当用户月度电量发生差错需要追补时，无论差错电量发生在何时，均需根据自然月结算要求及差错月计算规则进行电量追补。其中，差错月是指差错电量对应时间。

月度电量退补应严格按差错年月分月退补。假设差错电量发生时间为 2023 年 6 月 15 日至 2023 年 7 月 25 日（跨月），退补月度电量时需分段进行追补。分别退补 2023 年 6 月 15 日至 2023 年 6 月 30 日期间电量，差错年月为 202306；2023 年 7 月 1 日至 2023 年 7 月 25 日期间电量，差错年月为 202307。

6.2 退补执行电价

6.2.1 退补执行电价

6.2.1.1 零售用户退补执行电价

零售用户的分时电量发生差错需要更正时，且对应的零售主体与售电公司约定分时定价套餐、"基础+分时"价格套餐或者"组合+分时"价格套餐时，零售用户退补执行零售主体与售电公司差错月约定的分时电价。

零售用户月度电量发生差错需退补时，退补执行的电价根据其对应零售主体与售电公司约定的差错月套餐来确定。

1. 差错年为 2021 年的零售用户

（1）零售主体与售电公司约定了固定价格、成交均价+固定价差、价差分成、成交均价+价差分成 4 种套餐之一的，零售用户退补时执行差错月同期结算时的电价。

（2）零售主体与售电公司约定了分时定价套餐的，零售用户退补时执行差错月的调平电价（该调平电价不因电量变化而变化）。

按照《山西省电力零售市场管理实施细则》试运行（V8.0—V9.0）的规定，参与现货交易的零售用户，不执行峰谷电价浮动，因此退补时同步执行该规则。

2. 差错年为2022年的零售用户

（1）零售主体与售电公司约定了固定价格、成交均价+固定价差、价差分成、成交均价+价差分成 4 种套餐之一的，零售用户退补时执行差错月同期结算时的电价，并按照晋发改商品发〔2021〕479 号的规定执行峰谷电价。

（2）零售主体与售电公司约定了分时定价套餐的，零售用户退补时执行差错月的调平电价（该调平电价不因电量变化而变化），且不执行峰谷浮动。

3. 差错年为2023年的零售用户

（1）零售主体与售电公司约定了"基础+非分时"套餐的，零售用户退补时执行差错月同期结算时的电价，并按照晋发改商品发〔2021〕479 号规定执行峰谷电价。

（2）零售主体与售电公司约定了"组合+非分时"套餐的，在最终结算电价计算完成之前发生的差错，零售用户退补时执行差错月同期结算时的电价；在最终结算电价计算完成之后发生的差错，退补时执行差错月最终结算电价（该电价会随着电量变化而变化）。

（3）零售主体与售电公司约定了"基础+分时"套餐或者"组合+分时"套餐的，在调平电价电价计算完成之前发生的差错，零售用户退补时执行差错月同期结算时的电价；在调平电价计算完成之后发生的差错，退补时执行差错月调平电价（该电价会随着电量变化而变化）。

6.2.1.2 批发用户退补执行电价

1. 分时电量差错

批发用户的分时电量发生差错需要更正时，以其所属批发主体为维度进行退补，退补时执行中长期或现货交易时的相关电价，包括合约电价、日前市场统一结算点电价、实时市场统一结算点电价、省内实时市场月均价等。

2. 月度电量差错

批发用户的月度电量发生差错需要更正时，先按照省内实时市场月均价（即调平电价）进行电能电费更正，待以其对应批发主体为维度进行退补结算后，再更正各批发用户已退补的电费。

6.2.1.3 代理购电退补执行电价

代理购电用户电量电费退补时，以用户为维度进行更正发行，退补时执行差错月的代理购电价格，并按照晋发改商品发〔2021〕479号的规定执行峰谷电价。

6.2.2 违约用电、窃电

电网企业代理购电用户、直接参与市场交易的用户发生违约用电、窃电行为时，按照《供电营业规则》规定承担相关责任。

（1）代理购电用户存在窃电行为时，补交电费执行发生月代理购电价格，并承担相应违约使用电费。

（2）1.5倍代理购电用户存在窃电行为时，补交电费执行发生月1.5倍代理购电价格，并承担相应违约使用电费。

（3）直接参与市场交易的批发用户、零售用户存在窃电行为时，补交电费执行发生月 1.5 倍代理购电价格，并承担相应违约使用电费。

6.3 电费退补计算

市场化用户退补电费以市场主体为维度进行计算。在退补电费计算过程中，先以退补后电量重新计算市场主体的电能电费、市场运营费用等费用，再减去已发行的相关电量电费，得到市场主体应退补电量电费。市场主体最终应退补的电量电费计算完成后按照相关规定将应退补电费分摊至对应用户，用户根据退补电费计算应退补的力调电费，并对最终应退补电费进行发行。

根据山西省能源局《电力运行分析月度例会会议纪要》〔2023〕第 6 次（总第 45 次）"对同一主体对应多个用电户号的，若某一用电户号发生电量差错，引起的该市场主体退补电费在差错用电户号上结算；若发生非电量差错引起的市场化相关费用退补，按照该市场主体对应全部用电户号的月度电量分摊"的规定，结合《山西省电力市场规则汇编》等结算相关文件对电费退补情况进行梳理。

6.3.1 零售用户电费退补原则

零售用户历史月份结算电量出现偏差时，以差错月退补电量对应期间的零售电价计算退补电费。同一零售主体对应多个零售用户的，若某一零售用户发生电量差错，引起的该零售主体退补电费在差错零售用户户号上结算，若发生非电量差错引起的市场化相关费用退补，按照该零售主体对应全部零售用户的月度电量分摊。

6.3.1.1 分时电量差错引起的电费退补原则

1. 差错年月为2022年12月及以前的电费更正原则

当零售用户的分时电量发生差错，且差错年月为 2022 年 12 月及以前，同时零售用户所属的零售主体与售电公司约定了分时电价套餐时，零售用户的电量电费退补步骤如下：

第一步：以 15 分钟为结算周期，计算零售用户发生分时电量差错的各计量点在差错期间每天每 15 分钟应退补的分时电量。

第二步：将零售用户发生分时电量差错的各计量点在差错期间每天每 15 分钟应退补的分时电量归集至该计量点月小时，计算差错期间每月每小时应退补的分时电量。

第三步：计算零售用户差错计量点应退补调平电量。

零售用户差错计量点应退补调平电量=该计量点已发行月度电量-Σ已发行分时电量-Σ应退补分时电量

第四步：计算零售用户应退补电能电费。

零售用户应退补电能电费=Σ（差错计量点应退补分时电量×分时电价）+差错计量点应退补调平电量×调平电价。调平电价为月度结算时用户执行的调平电价

零售主体应退补电能电费=Σ零售用户应退补电能电费

第五步：计算零售用户应退补力调电费。

零售用户应退补力调电费=Σ（差错计量点应退补电能电费*对应力调系数）

第六步：计算零售用户应退补电费

零售用户应退补电费=零售用户应退补电能电费+零售用户应退补力调电费

山西省能源监管办 山西省发展改革委《关于印发<山西电力中

长期交易实施细则>的通知》（晋监能〔2020〕16号）文"若市场主体出现的电量差错小于其批发主体发生月结算周期内电量累计值0.05%的，仅对批发市场电量进行追退补结算，不对零售市场偏差电量电费进行调整。若市场主体出现的电量差错大于其批发主体发生月结算周期内电量累计值0.05%的，由相关市场主体提出，经利益相关方共同确认后，对零售市场偏差电量电费进行调整"的规定，因此当零售主体分时电量发生差错时，视情况对其电能电费及刀调电费进行更正，偏差电费不做退补。

山西省能源局《关于启动山西电力线上零售市场试运行的通知》规定"对用户发生电量退补的，不再调整差错月零售分时用户调平电价等计算零售主体电量电费的各类价格"，对零售主体电能电费进行更正时，零售主体执行的调平电价不做调整，只调整分时电费和调平电费。

2. 差错年月为2023年1月及以后的电费更正原则

2023年1月及之后，当分时电量差错时，需以零售主体为维度重新计算分时电费、调平电费及偏差电费。再将零售主体的退补电费分摊至对应零售用户的各工商业计量点。分摊零售主体的退补电费时，按照"谁差错谁承担"原则进行。零售用户的电量电费退补步骤如下：

第一步：以15分钟为结算周期，计算零售用户发生分时电量差错的各计量点在差错期间每天每15分钟应退补的分时电量及最终应结算的分时电量。

第二步：将零售用户每天每15分钟最终应结算分时电量归集至零售主体，计算零售主体每天每15分钟最终应结算分时电量。

第三步：将零售主体每天每15分钟最终应结算分时电量归集

至零售主体对应差错月每小时最终应结算分时电量。

第四步：根据零售主体在差错月与售电公司约定的分时电价套餐、最终应结算分时电量、已发行分时电量、已发行月度市场化电量重新计算零售主体最终应结算电能电费和偏差电费，并计算零售主体应退补电能电费和偏差电费。

零售主体应退补电能电费=零售主体最终应结算电能电费-已发行电能电费

零售主体应退补偏差电费=零售主体最终应结算偏差电费-已发行偏差电费

第五步：计算零售主体下零售用户应退补电能电费。

零售用户应退补电能电费=Σ零售用户分时电量发生差错的计量点应退补的电能电费

零售用户分时电量发生差错的计量点应退补的电能电费=零售用户分时电量发生差错的计量点已结算的月度市场化电量/Σ零售用户分时电量发生差错的计量点已结算的月度市场化电量×零售主体应退补电能电费。

零售用户分时电量发生差错的计量点已结算的月度市场化电量为截至退补关账前已发行的市场化电量。假设某用户的某计量点已发行 2023 年 5 月的月度市场化电量为 100 千瓦时，2023 年 6 月退月度市场化电量 50 千瓦时（差错年月为 202305），2023 年 7 月补月度市场化电量 30 千瓦时（差错年月为 202305），2023 年 8 月对 2023 年 5 月分时电量进行更正时，对应月度市场化电量应为 80 千瓦时（80=100-50+30）。

第六步：计算零售主体下零售用户应退补偏差电费。

零售用户应退补偏差电费=Σ零售用户分时电量发生差错的计

量点应退补的偏差电费

零售用户分时电量发生差错的计量点应退补的偏差电费=零售用户分时电量发生差错的计量点已结算的月度市场化电量/Σ零售主体分时电量发生差错的计量点已结算的月度市场化电量×零售主体应退补偏差电费。

第七步：计算零售主体下零售用户应退补力调电费。

1．差错年月为2023年5月及以前的

零售用户应退补力调电费=Σ（零售用户分时电量发生差错的计量点应退补的电能电费×对应力调系数）

2．差错年月为2023年6月及以后时

零售用户应退补力调电费=Σ（零售用户分时电量发生差错的计量点应退补的电能电费×对应力调系数）+Σ（零售用户分时电量发生差错的计量点应退补的偏差电费×对应力调系数）

6.3.1.2 月度电量（组合套餐）差错引起的电费退补原则

按照零售套餐电费结算规则分析，选择组合套餐的零售主体，月度电量发生差错时，分时结算电价和调平电价均可能发生变化，因此零售主体的分时电费、调平电费。偏差电费均需重算。在计算退补电费时需以零售主体为维度重新计算分时电费、调平电费及偏差电费。再将零售主体的退补电费分摊至零售用户对应的工商业计量点。分摊零售主体的退补电费时，按照"谁差错谁承担"原则进行。零售用户的电量电费退补步骤如下：

第一步：以月度为结算周期，计算零售用户的各计量点在差错期间应追补的月度电量及最终应结算月度电量。

第二步：将零售用户每月应退补月度电量和最终应结算月度电量归集至零售主体，计算零售主体每月应退补月度电量和最终应结算月度电量。

第三步：根据零售主体在差错月与售电公司约定的零售套餐、最终应结算月度电量、已发行月度电量、重新计算零售主体最终应结算电能电费和偏差电费，并计算零售主体应退补电能电费和偏差电费。

零售主体应退补电能电费=零售主体最终应结算电能电费−已发行电能电费

零售主体应退补偏差电费=零售主体最终应结算偏差电费−已发行偏差电费

第四步：计算零售主体下零售用户应退补电能电费。

零售用户应退补电能电费=Σ零售用户月度电量发生差错的计量点应退补的电能电费

零售用户月度电量发生差错的计量点应退补的电能电费=零售用户月度电量发生差错的计量点的差错电量/Σ零售用户月度电量发生差错的计量点的差错电量×零售主体应退补电能电费。

第五步：计算零售主体下零售用户应退补偏差电费。

零售用户应退补偏差电费=Σ零售用户月度电量发生差错的计量点应退补的偏差电费

零售用户月度电量发生差错的计量点应退补的偏差电费=零售用户月度电量发生差错的计量点的差错电量/Σ零售用户月度电量发生差错的计量点的差错电量×零售主体应退补偏差电费

第六步：计算零售主体下零售用户应退补力调电费。

1. 差错年月为2023年5月及以前的

零售用户应退补力调电费=Σ（零售用户月度电量发生差错的计量点应退补的电能电费×对应力调系数）

2. 差错年月为2023年6月及以后时

零售用户应退补力调电费=Σ（零售用户月度电量发生差错的计量点应退补的电能电费×对应力调系数）+Σ（零售用户分时电量发生差错的计量点应退补的偏差电费×对应力调系数）

6.3.1.3　分时电量和月度电量差错引起的电费退补原则

当零售用户同时发生分时及月度电量差错时，零售用户的退补电能电费和偏差电费的计算原则参照 6.3.1.1.分时电量差错引起的电费退补原则执行。

6.3.1.4　零售套餐差错引起的交易电费差错

当零售套餐发生差错需要更正时，需以零售主体为维度重新计算该零售主体的电能电费及偏差电费。零售用户的电量电费退补步骤如下：

第一步：计算零售用户截至当前已发行的分时电量、月度电量，再将对应电量归集至零售主体。

第二步：根据最新零售套餐以及截至当前的分时电量、月度电量，以零售主体为维度重新计算分时电费、调平电费、偏差电费，即最终应结算电能电费和最终应结算偏差电费。

第三步：计算零售主体下零售用户应退补电能电费。

零售用户最终应结算电能电费=零售用户截至当前的月度电量/Σ零售用户截至当前已发行的月度电量×零售主体最终应结算电能电费

零售用户应退补电能电费=零售用户最终应结算电能电费-零售用户截至当前已发行的电能电费

第四步：计算零售主体下零售用户应退补偏差电费。

零售用户最终应结算电能电费=零售用户截至当前的月度电量/

Σ零售用户截至当前已发行的月度电量×零售主体最终应结算偏差电费

零售用户应退补偏差电费=零售用户最终应结算偏差电费-零售用户截至当前已发行的偏差电费

第五步：计算零售主体下零售用户应退补力调电费。

1. 差错年月为2023年5月及以前的

零售用户应退补力调电费=Σ（零售用户电量发生差错的计量点应退补的电能电费×对应力调系数）

2. 差错年月为2023年6月及以后时

零售用户应退补力调电费=Σ（零售用户电量发生差错的计量点应退补的电能电费×对应力调系数）+Σ（零售用户电量发生差错的计量点应退补的偏差电费×对应力调系数）

6.3.2 批发用户电费退补原则

批发用户历史月份结算电量出现偏差时，以差错月退补电量对应期间的电价及规则计算退补电费。同一批发主体对应多个批发用户的，若某一批发用户发生电量差错，引起的该批发主体退补电费在差错批发用户上结算，若发生非电量差错引起的市场化相关费用退补，按照该主体对应全部批发用户的月度电量分摊。

6.3.2.1 电费退补原则

批发用户的电量、电价发生差错需更正时，若差错电量、电价等可追溯至时点时，按相应节点电价（统一结算点电价）进行电能量电费及其相应市场运营费用（不含分摊项）的追退补结算；若差错电量不能追溯至时点时，电能量电费按差错月省内实时市场月均价进行追退补结算，并对其具备追溯条件的相应市场运营费用（不含分摊项）开展追退补结算。

1. 电能电费退补原则

当批发用户对应批发主体的合约电量、合约电费、日前电量、日前市场统一结算点电价、日前电费、实时电量、实时电费、月度电量、调平电量、调平电价、调平电费发生差错需要更正时，按照更正后数据及计算规则重新计算电能电费，计算规则详见"3.3.1 交易电费"。

当批发主体的用户侧价差调整电费发生差错需要更正时，依据整个市场用户侧价差调整电费退补情况来确定该批发主体的用户侧价差调整电费是否需要重新计算，具体计算原则是当市场整体追退补结算金额小于差错发生月 30% 时，按退补结算月电量结构进行分摊或返还；当市场整体追退补结算金额大于等于差错发生月 30% 时，以差错发生月电量结构进行分摊或返还。

批发主体下批发用户应退补电能电费计算原则为：

（1）当批发主体的合约电量、合约电费、日前申报电量、日前市场统一结算点电价、日前申报电费、实时电费、调平电价发生差错需要更正时，批发主体退补的电能电费由该批发主体下所有批发用户按照月度结算电量比例分摊。

批发用户最终应结算电能电费=批发用户截至当前的月度电量/Σ批发用户截至当前的月度电量×批发主体最终应结算电能电费

批发用户应退补电能电费=批发用户最终应结算电能电费−批发用户截至当前已发行的电能电费

（2）当批发主体的实时电量（分时电量）发生差错需要更正时，批发主体退补的电能电费由该批发主体发生电量差错批发用户的差错计量点承担。批发主体下批发用户应退补电能电费计算原则：

批发用户应退补电能电费=Σ批发用户电量发生差错的计量点应退补的电能电费

批发用户电量发生差错的计量点应退补的电能电费=批发用户电量发生差错的计量点已结算的月度市场化电量/Σ批发用户分时电量发生差错的计量点已结算的月度市场化电量×批发主体应退补电能电费

（3）当批发主体的月度电量发生差错需要更正时，批发主体退补的电能电费由该批发主体发生电量差错的差错计量点承担。批发主体下批发用户应退补电能电费计算原则：

批发用户应退补电能电费=Σ批发用户电量发生差错的计量点应退补的电能电费

批发用户电量发生差错的计量点应退补的电能电费=批发用户电量发生差错的计量点的差错电量/Σ批发用户月度电量发生差错的计量点已结算的月度差错电量×批发主体应退补电能电费

2．市场运营费用退补原则

原则上，当批发主体电量、电价发生差错时，考核类市场运营费用按照时点重新计算最终应结算的市场运营费用，分摊类和返还类市场运营费用不做调整。若出现重大偏差，由相关市场主体提出，经利益相关方共同确认后，电网企业按业务发生期价格及电量结构追溯调整结算，并相应计算对市场运营费用的影响

批发主体下批发用户应退补市场运营费用计算原则与电能电费计算原则一致。

3．批发市场主体下批发用户力调电费追补原则

（1）差错年月为2023年5月及以前的。

批发用户应退补力调电费=Σ（批发用户下各计量点应退补的

电能电费×对应力调系数）

（2）差错年月为 2023 年 6 月及以后时。

批发用户应退补力调电费=Σ（批发用户下各计量点应退补的电能电费×对应力调系数）+Σ（批发用户下各计量点应退补的市场运营费用×对应力调系数）

6.3.2.2　追溯时期

在月度账单发布后，6 个月内批发主体可反馈异议，经核实后确定批发主体的电费结算相关参数发生差错需要更正时，随后续现货月度结算进行追退补（追溯期最长不超过 6 个月）。

超过追溯期时，批发用户发生月度电量差错时，按照差错月省内实时市场月均价进行追退补电能电费。